En la mente del mundo

Juan Arnau

En la mente del mundo

La aventura del deseo y la percepción

Galaxia Gutenberg

Publicado por
Galaxia Gutenberg, S.L.
Av. Diagonal, 361, 2.º 1.ª
08037-Barcelona
info@galaxiagutenberg.com
www.galaxiagutenberg.com

Primera edición: noviembre de 2022

© Juan Arnau, 2022
© Galaxia Gutenberg, S.L., 2022

Preimpresión: Maria Garcia
Impresión y encuadernación: Sagrafic
Depósito legal: B 12854-2022
ISBN: 978-84-19075-58-1

Cualquier forma de reproducción, distribución, comunicación pública
o transformación de esta obra sólo puede realizarse con la autorización
de sus titulares, aparte de las excepciones previstas por la ley. Diríjase a CEDRO
(Centro Español de Derechos Reprográficos) si necesita fotocopiar o escanear
fragmentos de esta obra (www.conlicencia.com; 91 702 19 70 / 93 272 04 45)

Índice

Preludio 9
   Una filosofía de la percepción (y el deseo) 11
   Hipótesis de trabajo 14
   El punto de partida 17
   La visión y el afán 21
   Orden natural y libertad 23

I. Teatro de la mente 27
II. Mito 67
III. Metáfora 91
IV. Tiempo 109
V. Evolución 131

Epílogo 153
   La sociedad ensimismada 155
   Continuo o discreto 158
   Participación 159
   La prueba del velo 161

PRELUDIO

Una filosofía de la percepción (y el deseo)

La conciencia es un invitado tardío, inesperado y algo incómodo, en la fiesta de la evolución. Ésa es la visión oficial de la ciencia moderna. La sucesión de los hechos es a grandes rasgos la siguiente. En primer lugar, como acontecimiento originario, hubo una gran explosión. Sobre esto es mejor no hacer preguntas: es una singularidad donde no se cumplen las leyes de la física. Tampoco sabemos qué detonó el *big bang*. El universo es en sus primeros minutos radiación y, conforme se expande, se enfría, lo que permite la aparición del primer elemento, el hidrógeno. Se forman grumos en la sopa cósmica y de esas condensaciones locales surgen las estrellas. En los hornos estelares, el hidrógeno se transforma en helio y, posteriormente, en elementos más pesados como el carbono, base de la vida orgánica. Cuando las estrellas acaban su ciclo vital, estallan y arrojan su materia al espacio interestelar. El carbono se deposita en los planetas y, si se dan las condiciones idóneas, se origina la vida tal y como la conocemos. Darwin toma el relevo de la narración. Las especies evolucionan y compiten. La selección natural y ciertas mutaciones genéticas hacen el resto. La evolución culmina en el cerebro humano, lo más complejo que conocemos. De él emana, como un humo prescindible, la conciencia. Y se afirma, ufanamente, que la conciencia es un epifenómeno del cerebro, un fenómeno accesorio que lo acompaña y que no tiene influencia sobre él. La conciencia como *propiedad* de la materia y como personaje secundario en toda esta narración.

Este libro plantea algo que ya planteó la filosofía india y, más recientemente, la fenomenología. La conciencia no es lo último, sino lo primero. La narración anterior es el mundo al revés. En cierto sentido, Husserl tenía razón al decir que la conversión a la fenomenología era como una conversión religiosa, pues exige un cambio integral de perspectiva que va contra la forma natural y científica de ver las cosas. La fenomenología sostiene que no hay cosas, sino fenómenos. Fenómenos que se le aparecen a la conciencia. Podemos decir que vemos u oímos *cosas*, pero no sabemos con certeza si están ahí fuera. Se trata más bien de fenómenos visuales o auditivos. Con los visuales, no percibimos por entero la supuesta cosa (si veo a un amigo, no veo su espalda o su corazón); con los auditivos, tampoco (al escuchar una frase o una canción, no entiendo su significado o su magia hasta que concluye; debo acompañarla en el tiempo). Es decir, que resulta más apropiado hablar de fenómenos que se me aparecen que de cosas, personas u objetos. Es más científico, más riguroso. Ése es el rigor de la fenomenología, mientras que la ciencia natural es *descuidada*. La llamada *reducción fenomenológica* consiste precisamente en eso. En *poner entre paréntesis* la cuestión de la existencia de las cosas. Husserl la llama *epojé*, un viejo término de la filosofía utilizado por los escépticos para referirse a la «suspensión del juicio». Un término que hubiera gustado a Nāgārjuna. La fenomenología no se ocupa de objetos, sino de objetos-fenómeno, es decir, de los objetos reducidos al ámbito de la conciencia. De ahí que se afirme (a diferencia de los filósofos hindúes) que la conciencia es siempre conciencia de algo: conciencia intencional. En este punto nos distanciaremos del filósofo moravo y seguiremos la senda marcada por la filosofía del *sāṃkhya* y por las *upaniṣad* tardías, que distinguen mente de conciencia. Hay conciencia, pero también hay naturaleza.

Hay un elemento de la fenomenología que resulta valioso para cualquier lector. El filósofo, más que opinar, debe describir. Describir la experiencia, ya sea metafísica, moral o estética. Describir cómo conoce y qué conoce. El lector, por su parte, debe elegir qué hacer con esas descripciones, cómo incorporarlas a su vida cotidiana, cómo vivirlas, si es posible. Cuando una filosofía no decanta una vivencia, se convierte en una filosofía afectada y estéril. Se puede prescindir de ella.

La mente es refractaria a los métodos del cirujano: no se puede diseccionar, tampoco localizar. Si hemos de ser fieles a los planteamientos fenomenológicos, entonces la mente no será algo que está en el cerebro, sino a la inversa. Es el cerebro el que está dentro de la mente. La identificación entre ambos es uno de los grandes descalabros del pensamiento moderno. Ver la mente dentro del cerebro sería la actitud natural o científica (en el sentido de la ciencia objetivista), según la cual la mente es una actividad del cerebro, mientras que la conciencia lo es de la materia. Por el contrario, desde nuestro planteamiento, es el cerebro el que está dentro de la mente. La explicación es sencilla. Si nos preguntamos cómo hemos llegado a averiguar que existe el cerebro y a conocer su funcionamiento, enseguida veremos que es gracias a la mente. Hemos necesitado de la percepción y la inferencia (dos procesos mentales) para descubrir el cerebro. De hecho, el cerebro es un objeto-fenómeno que se le aparece al neurocientífico de muy diversas maneras. En la cosmovisión india, la conciencia no es una propiedad de la materia, sino el origen y la raíz de todo fenómeno. La conciencia es el ámbito donde las cosas se dan originariamente. ¿Caemos de nuevo en el subjetivismo? En absoluto. Ya hemos dicho que el paso de la actitud natural a la fenomenológica no implica negar la existencia de las cosas, sino sólo cambiar de perspectiva. Para que algo sea real debe ser antes un fenómeno (en el ámbito de la conciencia). Cualquier cosa del mundo en la que creamos puede ser cierta o falsa, pero lo que resulta indiscutible, lo que está fuera de toda duda, lo que no puede no ser, es la conciencia. Que el mundo esté hecho de mente no quiere decir, por supuesto, que sea una creación de *nuestra* mente. Vivimos en la mente del mundo, participamos de ella. Por eso somos, al mismo tiempo, mente y mundo. Y cuando abrimos los ojos no podemos elegir lo que vemos.

Hay ciertas preguntas que nunca encontrarán respuesta. Pero planteárselas sigue siendo estimulante. Que la filosofía sea más el ejercicio del cuestionar que una colección de respuestas es una de sus prerrogativas. Las ciencias también interrogan, pero basan su éxito en las respuestas. No así la filosofía, que ve cumplido su propósito en la pregunta misma.

Hipótesis de trabajo

Este ensayo maneja tres hipótesis de trabajo. La primera es la distinción entre espíritu y alma, o, dicho en términos más modernos, entre conciencia y mente (psique). Esta distinción nos permite establecer una segunda hipótesis de trabajo: la materia del mundo son la percepción y el deseo (no los átomos o cualquier tipo de *elemento*). El juego entre la percepción y el deseo hace que el mundo sea lo que es. Desde esta perspectiva, el espacio y el tiempo pasan a considerarse proyecciones de la percepción. El espacio de la vista, el tiempo del oído.

La distinción entre alma y espíritu es fundamental, porque lo que diferencia al ser humano del resto de los animales no es que sea vertebrado o racional, capaz de hacer inducciones o deducciones (las máquinas y los chimpancés también las hacen), ni siquiera que tenga alma (los animales y las plantas tienen memoria y voluntad). Lo que caracteriza al ser humano es que participa del espíritu, que *es* espíritu. ¿Y qué es eso del espíritu? Pues, esencialmente, tres cosas. En primer lugar, distancia, la posibilidad de *objetivar*. En segundo lugar, la capacidad de convertirlo todo en símbolo. Y, en tercer lugar, la posibilidad de ser consciente de sí mismo. Distancia, poder simbólico y conciencia: eso es el espíritu.

El alma es otra cosa. El alma es ímpetu, pasión, vehemencia, ego, interés, energía vital. El alma es *saṃsāra*, como dirían los budistas. Un torbellino dentro de otro torbellino mayor, un vórtice en la furiosa corriente de un río. La energía del alma se puede transformar para vivificar el espíritu, reorientando la corriente de lo biológico a lo psíquico. Pues el espíritu no es omnipotente; al contrario, es frágil. Y en cuanto despierta, se ve rodeado de mundo, de pasiones, deseos, intereses, miedos. La magia de la vida consiste en eso. Cada ser vivo es el centro del universo y, al mismo tiempo, un horizonte de sucesos. Cada alma es un centro. Un centro que, como el caracol, llevamos a cuestas allá donde vayamos.

Un centro espacial y temporal, desde el que se ve el pasado y el futuro.

La tercera hipótesis se basa en los principios de *complementariedad* y *correspondencia* formulados por Niels Bohr. Según el primero, los métodos y los intereses con los que investigamos la realidad forman parte de esa misma realidad. No hay realidad al margen de ellos. Se trata de un *principio fenomenológico* (aunque Bohr nunca lo llamó así) que sostiene que la intencionalidad está entretejida con las cosas del mundo. Se puede matematizar la naturaleza y obrar de este modo el desencantamiento del mundo. Ello no quiere decir que, como suponía Galileo, la naturaleza hable el lenguaje de las matemáticas. Simplemente significa que la matematización abre un camino en nuestra relación con ella. Un camino que puede ser igual de legítimo que cualquier otro (poético o filosófico) y cuya *exactitud* nos lleva al principio de correspondencia. Diferentes visiones del mundo pueden ser *ciertas* siempre y cuando se acepte que son complementarias. La llamada *objetividad* no es otra cosa que el consenso de los especialistas. Expertos que perciben, razonan y sienten.

Hay otra idea de Bohr que permea todo este ensayo. Para observar el mundo, ya sea a simple vista o con un espectrógrafo (que es el ojo con el que vemos el átomo), necesitamos una teoría o una idea de lo que el mundo es. Ver es teorizar. De hecho, los instrumentos utilizados en física son, por así decirlo, teoría materializada. Imponen a la naturaleza el lenguaje en el que queremos que hable. Ese lenguaje puede ser el de las longitudes de onda y los patrones de interferencia cuando investigamos las ondas. O el de la velocidad y la posición cuando nuestro objeto de estudio son las partículas. No es posible *medir* ni *observar* sin una teoría y un dispositivo experimental a los que referir las observaciones. Sin ambos no veríamos nada. La naturaleza hablará el lenguaje que le propongamos. Y ante cualquier pregunta que le planteemos tendrá una actitud afirmativa. Leibniz lo sabía bien y lo formuló de un modo radical. Es cierto todo lo que digamos de la naturaleza, lo falso es lo que le negamos.

Dios no sólo juega a los dados, sino que es un jugador exquisito. Cuando tratamos de entender a Dios (o a la naturaleza) y formulamos nuestras preguntas, se comporta de modo sumamente cordial. Asiente a todo lo que decimos, y cuando lo negamos también nos da la razón. Es más, si así lo queremos, puede hasta no existir y desaparecer para complacernos. Una actitud inédita en la teología que fue detectada por la física cuántica. Ésta se sustenta en dos principios fundamentales: la *incertidumbre* y la *complementariedad* (o, dicho al modo antiguo, la libertad y la reciprocidad). Su formulación se debe a un conjunto de físicos geniales entre los que destacan Heisenberg y Bohr. El primero fue heredero, sin saberlo, de Wittgenstein; el segundo, de su compatriota Kierkegaard. Ninguno de estos dos filósofos tuvo hijos, pero a veces los herederos se presentan de la forma más insospechada.

En términos lógicos, no puede darse el salto de una visión teórica a otra distinta. Llega un momento en que hay que cambiar de baraja, y esa sustitución debe pasar inadvertida. Es aquí donde empieza la magia. Kuhn y Rorty lo han explicado muy bien. Ninguna teoría revolucionaria *refuta* a la anterior. No puede hacerlo, pues habla otro lenguaje. Sería como refutar un refrán castellano con uno normando. Lo que hace la nueva teoría es proponer un juego lingüístico diferente. Y, para que esa propuesta tenga éxito, debe ganar adeptos. Los factores decisivos de esa adhesión son tanto intelectuales como afectivos. Sólo reuniendo suficientes aliados es posible llevar a cabo la transformación.

La imposibilidad de controlar la interferencia del acto de observación en el sistema observado es la razón de la imposibilidad de describir los fenómenos atómicos de modo unívoco. Hasta cierto punto, estos fenómenos pueden ser lo que queramos que sean, en función del dispositivo experimental que elijamos. Hablando de la complementariedad en una conferencia pronunciada en Zúrich en 1949, Wolfgang Pauli afirmaba que la situación epistemológica a la que se enfrenta la física moderna no ha sido prevista por filosofía alguna. Disentimos. Tanto Berkeley como Leibniz se sentirían cómodos en el paradigma cuántico. La idea de que la información que se gana y la que se pierde se encuentran al arbitrio del observador hubiera complicado a ambos. Las situaciones que plantea la física cuántica difieren radicalmente de las planteadas por la física clásica. Cabe incluso decir que se trata de una disciplina diferente, que podría llamarse *observática*, donde cada observación es una interferencia y se hace camino al observar. En función de lo que usted vea (en función de lo que elija ver), su mundo será uno u otro, pues el itinerario de las observaciones incidirá en las visiones futuras. «En este sentido –afirma Pauli–, la irracionalidad se le presenta al físico moderno según la forma de observación elegida.» La nueva situación que convierte en imposible la concepción determinista.

Hasta ahora la física clásica exigía la distinción entre sujeto perceptor y objeto percibido. La existencia de ese corte era la condición del conocimiento. Lo que ocurre con la física moderna, nos dice Pauli, es que «la posición del corte es hasta cierto punto arbitraria y resulta de una elección determinada por condiciones de conveniencia, y, por tanto, de alguna manera, es libre». Bohr ya había incidido en este punto: «La actividad mental exige confrontar un contenido objetivo con un sujeto perceptor, pero el sujeto perceptor también pertenece a nuestro contenido mental». Pauli no duda en adentrarse en el berenjenal filosófico. El concepto de *conciencia* exige ese corte entre sujeto y objeto. Mientras que la existencia de ese corte es una necesidad lógica, su posición es arbitraria. Y cita al respecto la cosmovisión hindú, aunque sin entrar en demasiadas explicaciones: «La mentalidad occidental no puede aceptar semejante concepción de una conciencia suprapersonal sin un objeto correspondiente». En vez de tomar esa vía (que no domina), Pauli prefiere la de lo inconsciente (sus problemas con el tabaco y el alcohol lo habían llevado a la clínica de Carl Jung, con el que mantendrá una jugosa correspondencia).

El punto de partida

El pensamiento actual se encuentra en el callejón sin salida del reduccionismo materialista. Si algo no se reduce a materia, no es nada, no existe. Y, sin embargo, la materia es algo imaginado o percibido, un átomo abstracto, el rastro de una partícula en la cámara de burbujas, el enigma de un abrazo, la impresión de un color. En el siglo XVII hubo filósofos que ofrecieron alternativas a esta visión, pero nadie les hizo mucho caso. Volver a ellos podría ser una vía, pero este libro ensayará otras, apoyándose en algunas de las filosofías de la Antigüedad india, pero teniendo siempre presente nuestra situación actual y el desafío que plantea una sociedad dominada por la tecnología.

La filosofía es un género literario. Lo que ocurre es que resulta demasiado árido y seco. Los filósofos se han extraviado en su reino de abstracciones y, ensimismados, han perdido el contacto con la realidad. Sin embargo, la filosofía goza de muy buena salud; lo que hace falta es encontrar el modo de llevarla al campo, de acercarla al ciudadano de a pie, al estudiante modelo y al desubicado.

Un judío sefardí radicado en Ámsterdam, un genio alemán empeñado en armonizarlo todo y un idealista irlandés esbozaron una visión renovada del cuerpo vivo. Spinoza, Leibniz y Berkeley coincidieron en un factor esencial. Que no incumbía a las respuestas, sino a las preguntas. Era una confesión de ignorancia. La filosofía volvía a sus orígenes tras haber alcanzado sus más altas cotas. No sabemos cuánto sabe un cuerpo, no conocemos todavía la naturaleza del cuerpo vivo, la esencia que hace latir el corazón y mantiene el pulso de la respiración, el fuego interior que obra el milagro de la percepción y la sensibilidad. ¿Dónde empieza el cuerpo? ¿Dónde termina? ¿Pertenecen al cuerpo lo que el ojo mira y el modo en que lo mira? ¿Pertenece al cuerpo el aire que respira? Hay un paisaje ahí fuera, pero también dentro. Vivimos en un mundo hecho de cualidades. Y la experiencia de esas cualidades produce encuentros más o menos casuales. No estamos donde creemos estar. Ni siquiera en el tiempo en el que creemos estar. El sueño, el recuerdo y el anhelo confirman este hecho fundamental de la vida de la conciencia. ¿Dónde estamos cuando pensamos, o cuando miramos, o cuando soñamos? Ésa es la magia de la imaginación, el hechizo de lo literario. Parece como si los organismos tuvieran contornos accesibles a los sentidos, pero los sentidos mismos los desmienten continuamente. Si indagamos en los contornos de lo vivo, enseguida advertimos que esos límites no son sino canales de transmisión, filtros a lo sumo. Lo vivo está vivo precisamente gracias a la apertura de sus contornos.

Esto nos lleva a un tema esencial del pensamiento: la vocación de aventura. La vida es riesgo, un riesgo constante, y la filosofía, que es el pensamiento de la vida, debe tener vocación de aventura. Si no la tuviera perdería el paso, se quedaría atrás, que es lo que a veces ocurre. La palabra *cuerpo*, como cualquier otra, parece dar cuenta de un referente delimitado, y, sin embargo, no señala sino a un nodo insertado en una red. Los cuerpos se desprenden continuamente de su propia identidad, y esa metamorfosis es la cualidad de lo vivo.

Si los cuerpos son el teatro de un agitado mercado de transacciones, ¿qué podría decirse de las palabras que los designan? La metáfora es el salto entre las cosas, lo que une esto con aquello, algo de lo que también hablaremos. Una metáfora puede curar a un enfermo o desatar una guerra.

Berkeley, más que un idealista, fue un fenomenólogo y un empirista radical. El filósofo irlandés solía decir que el sabor de la manzana no se encuentra en la manzana misma, ni en la persona que la degusta, sino en el encuentro entre ambas. Para ciertas tradiciones del pensamiento indio, no sólo el sabor sino todas las cosas tienen esa naturaleza de encuentro, son encuentros pasajeros. El pensamiento que pone de manifiesto esa fugacidad de las cosas es también fugaz, como el sabor de la manzana. Y esa fugacidad lo acerca al sueño. Al sueño de la razón, ese que produce monstruos cuando cabalga la *yegua de la noche*. También de esto hablaremos.

¿Es posible pensar en sueños? Lo hacemos constantemente, en el sueño de la vigilia y en el sueño onírico, cuando estamos dormidos. Lo aprendemos por la noche y lo olvidamos durante el día. La identidad es un sueño. ¿Nunca han experimentado en sueños estar ante una persona que tiene la apariencia de otra? El sueño arranca las máscaras. Desactiva la ilusión de la identidad. Y lo hace poniéndola de manifiesto, exacerbándola.

Eso nos lleva a un tema esencial de este libro. La identidad no es de este mundo, es de otro mundo, está fuera del mundo natural, dirán algunos filósofos indios. Borges también mostró que la personalidad era una transoñación, consentida por el engreimiento y el hábito.

Decía Emerson que nadie convence a nadie de nada. Uno ha de convencerse por sí mismo, y para ello hace falta la inspiración. Las filosofías decimonónicas nos han dejado de inspirar. Por eso hay que buscar en las filosofías de la Antigüedad, pues en el origen siempre está la llave del porvenir. Leibniz lo sabía y por eso rescató una idea muy antigua a la que llamó *mónada*. En cada mónada se encuentra el universo entero, pero percibido desde un punto de vista particular. Una sensibilidad en evolución, cambiante. Que se afina o se obtura. Que se abre o se cierra. De nuevo el cuerpo vivo y su apertura esencial, eje alrededor del cual orbita este libro, que es una filosofía de la percepción y de la conciencia sensible.

No hay culpables en la historia del pensamiento, sólo efectos. **Pensamientos que decantan otros pensamientos, en un mundo hecho de pensamientos.** Descartes, queriendo liberar al hombre, lo ató. Concibió el pensamiento y la extensión como mundos separados: esa manía de desmontar las cosas para conocerlas es cosa suya. Seguimos siendo ese niño que desmonta su trenecito para saber cómo funciona. Leibniz se dio cuenta de que con la mente ocurre algo parecido. Para estudiarla no sirve desmontarla; hay que ejercitarla, experimentar con ella. La mente forma una unidad indivisible, es aquello que no se puede desmontar. Carece de partes, si se la desmonta deja de funcionar. De ahí la enajenación, de ahí la depresión: mentes desmontadas. A la mente se la conoce meditando, imaginando, recordando, empatizando.

La mente juega un importante papel en la construcción de la realidad. Es muy saludable la frase del Talmud: «No vemos el mundo como es, vemos el mundo como somos». El empresario, el funcionario, el militar: cada uno ve un mundo distinto. Pero eso no quiere decir que haya un mundo ahí fuera, objetivo, con el que puedan coincidir o no estas visiones. No hay tal mundo, el mundo es la integral de todas esas visiones. Por eso los milagros existen, pero, como los dioses, son locales. Ocurren en el interior de una familia de almas, de una comunidad de fieles, ya sea en el templo o en el laboratorio.

En este sentido, Leibniz recupera una idea que dinamita toda la filosofía crítica. Se puede resumir así: todo lo que afirmemos sobre la realidad es cierto, mientras que es falso todo lo que le neguemos. Da vértigo pensarlo. Este libro se dedica a ello.

La visión y el afán

En líneas generales, hay dos modos de contemplar el mundo. El primero, que Cicerón llama *académico*, busca la contemplación del orden y la proporción. Es esencialmente abstracto y cuantitativo. Ese tipo de contemplación da lugar a las ciencias, que se sirven de disciplinas abstractas como el álgebra o las geometrías no visuales. El mundo de hoy, dominado por el *big data*, convierte en dioses a los expertos en algoritmos. Quien domine la abstracción dominará el mundo. Pero la abstracción es ciega. Según la leyenda, el matemático Demócrito de Abdera se arrancó los ojos para pensar.

Pero hay otra forma de contemplar el mundo: la de los empíricos radicales. Ya hemos mencionado a algunos, pero aquí debemos presentar a William James, padre de la psicología moderna. James, que desarrolló su carrera en la Universidad de Harvard, fue uno de los primeros en optar por las experiencias con uno mismo. Era esencialmente cualitativo y *sensacional*, pues se basaba en las sensaciones (como hacen hoy los deportistas de élite, aquellos que llevan su cuerpo al límite y se guían por sensaciones). La premisa de James era sencilla: el viaje de la conciencia es un viaje al interior. Algunos llaman *mística* a esta opción, aunque dicha palabra podría resultar desorientadora. Los místicos hablan del silencio y escriben demasiado. El éxtasis, para serlo, debe ser un hecho extraordinario. Nadie puede vivir perpetuamente en estado de éxtasis. Sería agotador. La economía misma del cuerpo vivo lo impide.

De ahí que haya que encontrar una tercera vía, que es la que ensaya este libro. En lugar de sumergirnos en la vía abstracta (el orden cuantitativo de las cosas) o en la vía mística (la intensidad cualitativa), nos detendremos en la percepción misma, en el prodigio que hay en ella.

El orden es una necesidad fundamental del hombre. Cuentan que para entrar en la Academia de Atenas hacía falta saber geometría. Pero las matemáticas tenían entonces un sentido mágico del que hoy carecen. Lo que interesaba a Platón no era tanto hacer valer un método como lograr que el discípulo intuyera el carácter intemporal de las cosas. La contemplación de las figuras geométricas era sólo una propedéutica, un estadio previo a la contemplación del ámbito inmaterial del sentido, donde empieza la última ascensión, la escala que lleva a la Idea suprema del Bien. Con los años, el Eros platónico dio a luz un espíritu rebelde, libre y genial, que se atrevió a disentir. El joven Aristóteles prefería el orden relacional al trascendental. Restaba importancia a esa ciencia abstracta rebajándola a la condición de ilusión constructiva. Con el correr de los siglos, lo que empezó siendo una propedéutica trajo el sonriente progreso y se desató el interés industrial por las matemáticas. Rota la armonía entre razón y revelación, el positivismo encontraría en esta ciencia una eficaz palanca para mover el mundo. Aquella ciencia mística de los pitagóricos dejó de formar parte de la revelación del *logos* para convertirse en técnica. Con ella llegaron los tecnócratas y las falsas maneras de vivir, y se arrumbó la inteligencia de la vida. El orden abstracto lideró el dramático extravío del Proyecto Manhattan y la destrucción de incontables formas de vida. Lo abstracto demostraba una temible capacidad para acabar con lo concreto.

Los empíricos radicales suelen reprochar a los académicos el miedo a sí mismos y su querencia por categorías donde las diferencias son abstraídas y finalmente olvidadas. Se quejan de su falta de ironía, de que no aprecien el pensamiento que se desmonta a sí mismo. No se humilla la razón reconociendo la insuficiencia de lo verbal. Los académicos, por su parte, reprochan al místico su ensimismamiento, prefieren el orden a la inmersión en los abismos del yo. Para ellos, la genuina profundidad es visual: una buena perspectiva, una buena disposición de las cosas. Y cuando alguien les echa en cara su irreligiosidad, como hicieron los rabinos con Spinoza, aducen que subsumirse en el orden es subsumirse en Dios.

Hay diferencias de método y disposición. Al místico lo mueve la sugestión poética, el lado travieso del lenguaje, el conjuro y la admonición, también cierta vanidad («Sin mí, Dios no podría vivir un instante», llegó a decir Angelus Silesius). Al académico, la capacidad arquitectónica de los símbolos. Una sobriedad imperativa muy del gusto del jurista. En toda mística subyace cierto nominalismo. En todo academicismo, una confianza desmedida en la razón. Sin embargo, ambos mantienen una dependencia de lo simbólico que no se da en la tercera vía, la de la percepción. Este libro habla de esa vía.

Orden natural y libertad

En primer lugar, una limitación en la línea del escepticismo clásico, ya sea griego o indio. Es vano confiar en que la física teórica o la experimental (enfrentadas como están) puedan facilitarnos una definición manejable de la materia. Ese antagonismo irresuelto no se debe a la mala voluntad de los investigadores. Es un enfrentamiento epistémico, pues tienen diferentes modos de ver el mundo. Paisajes irreductibles, irreconciliables. En términos del filósofo de la ciencia Henryk Skolimowski, ambos se encuentran en *espirales de conocimiento* distintas, con apenas unos cuantos puntos de contacto.

Cuando le preguntaban por la materia, Santayana respondía: «Dejo a los físicos la tarea de explicarla. Sea lo que fuere, le digo resueltamente "materia", como les digo "Smith" o "Jones" a mis conocidos, sin estar enterado de sus secretos». Una ironía que nos pone en guardia frente a las definiciones precipitadas de la materia (sobre todo las de una época en la que la física todavía no se había desarrollado), meras suposiciones sin referente, como el átomo de Demócrito, ladrillo ideal de un edificio real.

En segundo lugar, una premisa razonable. El universo, primero de todo, es inteligente. Hay inteligencia en la partícula y en la célula. El materialista irónico, como Santayana, y el cientificista radical comparten esa misma fe. Ambos cuentan con la eficacia de las causas y la realidad de los efectos. Ambos confían en la posibilidad de leer un texto binario y sacar conclusiones. El universo es pues inteligente, primera hipótesis. Luego ya nos encargaremos nosotros, arrastrados por la codicia, el odio y la ceguera, de hacerlo estúpido.

Esa inteligencia carecería de sentido sin una mirada que la reconociera, que la confirmara en uno mismo y en las cosas. Esa mirada es lo que yo llamo *libertad*. Pues advierte, pero no se ata; reconoce, pero no se encadena. Puede moverse a su antojo sobre las cosas y, fundamentalmente, sobre sí misma, sobre esa gran atadura que llamamos *yo*. Puede experimentar el deseo, pero éste ya no será únicamente *conatus*, o «impulso», sino que su capacidad para reconocerlo le permitirá ironizarlo. Y entonces el que desea será capaz de verse a sí mismo desde fuera, deseando. Reconocerá su condición deseante, lo que le hará sonreír, lo liberará. Todo lo cual da pie a una tercera condición: el olvido de los modelos mecanicistas (útiles, pero insuficientes). ¿Por qué? Porque facilita el reconocimiento de ese trasfondo de libertad y creatividad. Dos principios inalienables, irreductibles el uno al otro, presentes para la observación y accesibles a la mente. Cualquier nueva propuesta, ya sea ideológica, filosófica o social, que cancele uno de estos dos miembros de la ecuación, o que reduzca uno a otro, nos devolverá de nuevo al laberinto. En este sentido, Bergson, James, Whitehead y Ortega y Gasset anticiparon vías de escape. Esos dos principios no son uno cárcel del otro, no son antagónicos, sino todo lo contrario. Cierto magnetismo los hace orbitar uno alrededor del otro, recrearse mutuamente. Maturana lo llamaba *autopoiesis*. El recreo es esencial para la vida, no sólo en las escuelas. Recrearse, revivirse en cada momento: ésa es la combustión esencial de lo vivo, la insurgencia fundacional de la vida frente al determinismo termodinámico. Combustión interna, recreación. El pensamiento védico lo llamó *tapas*, o «energía creativa», que es la que utilizó Prajāpati para crear el mundo (o recrearlo, si nos hallamos en un universo cíclico). Por ella existe y en ella se consume, se quema. Un cosmos que, como el de Heráclito, del fuego surgió y al fuego regresará. De esos dos principios, uno es invisible; el otro, visible. Ésa es la magia creativa del mundo. Uno piensa, ve y contempla; el otro parece que lo hace, pero es sólo una fecunda ilusión.

    La distinción entre conciencia y yo es el principio del pensamiento védico. Roberto Calasso rozó la propuesta de este libro: «Intentar, con cautela, comprobar si el sujeto que mira es nuestro huésped o somos nosotros los huéspedes». La atención (la percepción atenta) como *plegaria natural del alma*, en palabras de Malebranche. La oración como otro de los nombres de la atención. «Quien piensa fuera del recinto lógico-matemático sabe que las categorías teológicas están siempre vivas y operativas. [...] Vano es pensar si no se piensa el sacrificio.»

Hay un sentimiento apátrida, vocacional, vinculado a ciertos individuos. Una tendencia al anonimato, a no atarse a la propia personalidad (Borges escribió un precioso ensayo sobre el asunto), a no asumir roles definidos *(neti, neti)*. Una intuición de la libertad que sobrevuela el mundo natural. Algo que habita entre las grietas, alguien que observa a través de nosotros. No es el viejo Dios policial, que vigila y castiga, sino una mirada cómplice, que nos atraviesa, que hacemos nuestra instintivamente pero que no nos pertenece. Alguien que no está atado como nosotros, que traspira libertad. Es inaccesible al lenguaje o al pensamiento, pero su presencia puede intuirse. Ese alguien es un enigma y, como buen enigma, carece de solución (o la solución sería otro enigma, acaso inferior).

Esta propuesta considera que hay dos hechos incontrovertibles: la libertad y el orden natural. Conjugarlos es posible. Es posible una cultura mental basada en ambos, que no acepte ningún modelo que reduzca uno al otro (no importa la dirección), tampoco ningún tipo de *paralelismo* psicofísico (que siempre aboca a un razonamiento circular). El primer principio encuentra su justificación en la práctica científica (sin él no sería posible el conocimiento experimental); el segundo, en la intuición misma del ser consciente, en el seno de la vida, en el instinto consciente. Es posible restablecer la continuidad mediante esa sensibilidad, ligarse o atarse al paisaje. Esa mirada nos atraviesa y, digamos, contempla el árbol. Lo hace gracias a nosotros. Whitehead lo intuyó y definió este fenómeno de un modo negativo mediante la *falacia de la localización simple*. La mirada no está ni en el sujeto ni en el objeto, ni en ambos a la vez, tampoco entre ambos (en lo que Kant llamaba ámbito *trascendental*). La mirada, por el contrario, es lo que los sostiene (en un pasaje de las *upaniṣad* se dice algo parecido); la mirada (la sensibilidad) es el fundamento tanto del sujeto como del objeto. Esta propuesta tiene poco de metafísica o de mística, no apuesta por ningún tipo de éxtasis. Crece y se desarrolla, entretejida, en la vida mental de cada día, en nuestro modo de estar en el mundo y de percibirlo.

I
TEATRO DE LA MENTE

Ver con los ojos de otro. Ése es el primer aprendizaje. Un movimiento que le debemos al maestro. El maestro nos enseña a desplazar la mirada, a desembarazarnos del lastre y las inclinaciones que traemos a la vida. Si lo logramos, un nuevo mundo aparece ante nuestra mirada. No importa que el maestro sea un gran sabio o que muestre una perspectiva sesgada, lo decisivo es que nos ayude a desplazarnos, a mirar con los ojos de otro. Ésa es la erótica de la transmisión de una enseñanza genuina. Otros maestros nos reubicarán hasta que encontremos nuestro sitio, una mirada propia y singular, hecha de las miradas de los que nos precedieron. Para ello es necesaria cierta devoción, una mezcla de admiración y afecto por el maestro; sin ese ardor, sin la presencia de Eros, se rompe la cadena de transmisión. El amor de Platón a Sócrates es el ejemplo fundacional. Aristóteles estuvo veinte años junto a su maestro en la Academia. Pasó su juventud viendo el mundo con los ojos de Platón, interiorizó su enseñanza, la llevó hasta la ósmosis vital, y entonces dio el giro, entonces pudo ser él mismo, quizá el más grande entre los filósofos.

Cada persona es un ángulo desde el que ver el mundo. La idea es de Leibniz. Cada ser es el mundo entero metido en una singularidad en la que no se cumplen las leyes de la física. No estamos ante un holograma, no se trata de que el mundo no se replique en todos los seres por igual (las metáforas geométricas confunden cuando se aplican a la vida), sino que cada ser *reproduce* el mundo desde una perspectiva particular. Lo reproduce en el doble sentido de la palabra: lo engendra y lo proyecta. Hay aquí un componente genésico que, al mismo tiempo, es visual. Pero ese ángulo no es fácil de encontrar, y cuando no se halla se produce la insatisfacción, la ansiedad, el desarraigo vital y todo aquello que hace la vida desdichada. Don Juan, el chamán yaqui, se lo explica a su aprendiz cuando le pide que encuentre su sitio en un pequeño patio. El discípulo pasa incontables horas moviéndose de un lugar a otro, sentándose y levantándose, hasta que por fin lo encuentra. Lo mismo ocurre con la filosofía. Exige vivir el pensamiento ajeno hasta encontrar el propio, ver con los ojos de otro hasta dar con la propia mirada. Lo demás es dialéctica o presunción. Sin esa cortesía, sin esa atención, no puede haber genuina filosofía. Para que ello ocurra hace falta el maestro. No todo es vanidad. Y entonces empieza la búsqueda.

Cuando amaina la embriaguez de la vida, surge una pregunta inaplazable: ¿qué hacer? ¿Qué resultará de lo que hago?, ¿debo cambiar de vida? En estas cuestiones importa más el yo que lo hecho o lo que está por hacer. Se empiezan a reconocer los empeños ciegos y a distinguirlos de lo verdaderamente importante. Y se empieza a sospechar que se ha vivido cumpliendo los deseos de otro. Entonces uno se plantea si hacerse monje o cooperante. El viejo dilema entre contemplación y acción. Pero es un falso dilema. Puede haber tanto amor en la observación como en la voluntad, el acto amoroso puede ser un pozo en el desierto o una mirada. Sin embargo, hay una primacía metafísica de la conciencia sobre la creación, de la contemplación amorosa sobre la voluntad amante. La segunda brota de la primera. Antiguas jerarquías, egipcias, hindúes o griegas, de sorprendente actualidad. El acto decisivo en la formación del mundo, el acto fundacional, es contemplativo. La Antigüedad no está muerta.

La física tiene leyes; la vida, hábitos. ¿Qué rige a qué? La propuesta de estas páginas (frente al síntoma general del presente) es que la física se encuentra dentro de la vida, y no la vida dentro de la física. Esto quiere decir que el hábito predomina sobre la ley, la libertad sobre el determinismo. El mundo de las leyes nos dejó la época gloriosa de la física, un mundo predestinado donde todo estaba ya decidido, donde no había sorpresas ni alegrías. El mundo que se bosqueja aquí es el de la evolución creativa, un mundo hecho de hábitos, a contracorriente del lazo de lo inevitable.

Antiguos sabios observaron que la evolución de los seres repercute efectivamente en la evolución del mundo, que la vida interior es un factor de importancia cósmica. Quizá los budistas sean los más radicales en este asunto. Para ellos no hay tal cosa como el *universo*; cuando hablamos del universo, estamos refiriéndonos sin saberlo a los seres conscientes y a su evolución. No hay un mundo ahí fuera, inconsciente, que prepare las condiciones para la aparición de la conciencia y lleve escrita su desaparición para cuando las condiciones físicas no hagan posible la vida, para cuando el Sol, moribundo y expansivo como un ego decrépito, abrase la vida en la Tierra.

La vida humana tiene un valor inapreciable. No es un regalo ni es producto del azar; es una misión: ha costado mucho llegar hasta aquí. Dentro del ámbito general de la vida, la del espíritu requiere una combinación de humildad y ambición. Su nutriente fundamental es la atención, que sólo puede cultivarse llevando una vida receptiva, hospitalaria con las energías espirituales que salen a nuestro encuentro. Conviene pasar junto a ellas despacio: eso es la vida sencilla. De este modo podemos unirnos a esas energías, participar de ellas. Los enemigos de la vida sencilla son la codicia y el resentimiento. La primera por su prisa, el segundo por su ensimismamiento (cuántos místicos son unos resentidos). Para la vida sencilla es esencial desembarazarse de los sentimientos de repugnancia o desprecio. La indignación es una enfermedad crónica del espíritu. La simpatía, el único modo de conocimiento genuino, es su remedio. Combatir la ira es crucial. Todo enfado es un velo, erige barreras en los órganos del espíritu. También la codicia, esa mezcla de miedo y vanidad. No es posible educar el alma en un medio hostil, tampoco bajo el ruido de la lucha o de los intereses.

Muchos todavía creen que el conocimiento puede ir contra la vida, que es independiente de las funciones vitales. Olvidan su componente emocional, ese que nutre la vida cognitiva y, al hacerlo, refuerza la receptividad, la incorporación a nuestro flujo vital de las energías espirituales que nos rodean. El desdén funciona como una barrera, impide la participación y desintegra la vida cognitiva. La antipatía acaba por desconectarnos, como el alzhéimer o la depresión.

Hay una época de la vida en la que se necesitan como el agua las experiencias, y es natural que así sea. Pero el desfile frenético de sensaciones no resulta de ayuda, e ir continuamente a la caza de nuevas experiencias acaba resecando el alma y endureciendo la atención. El alma es rutinaria, no hace falta estimularla como se hace ahora con los niños; hay que dejarla tranquila para que pueda escuchar, para que pueda unirse a aquello que la reconforta y le da vigor, para que pueda alzar el vuelo. Para ello son indispensables los momentos de calma y soledad. Sólo en esos momentos es posible discernir lo aparente de lo real, escuchar el eco de lo vivido y preparar lo venidero. Entre las crisis que acechan a la vida moderna, la principal es la crisis del silencio.

Lo absurdo no es la vida. Lo absurdo es que el cumplimiento del deseo produzca insatisfacción. Tolstói, Spinoza, Rousseau, Gandhi, Wittgenstein y Thoreau abogaron por una vida sencilla, sin gran aparato de propiedades, compromisos y tareas. Sólo desde ella es posible la invención de lo cotidiano. Y entonces uno sonríe ante los activistas del azar, firmes en el propósito de convencernos de que todo es un despropósito. Y descubre que es en la observación del deseo, y no en su cumplimiento, donde hay todo un mundo por descubrir. Observación y deseo se equilibran recíprocamente. El arte lo muestra.

Hay momentos mágicos en los que parece que el mundo se detenga. No se trata de dejar la mente en blanco, sino de ver tu propio pensamiento como si fuera el de otro. El símil más eficaz es el del cielo y la nube. El cielo es la mente; la nube, un pensamiento. La nube puede venir cargada, negra y amenazante, o ligera y coqueta. Hay que verla venir y verla irse. Esa nube puede ser la enfermedad de un hijo o el viaje venidero. Verlos del mismo modo, desde fuera, suscita una saludable extrañeza. Existe un arte narrativo, del que Proust, Onetti o Joyce han sido maestros, que observa desde fuera ese flujo íntimo del pensamiento. En él se insinúa una reeducación del deseo, una manera de reorientar las aspiraciones, que llamaré *deseo irónico*. Uno ve los deseos propios como si fueran ajenos y sonríe ante sus persistentes demandas. En ese momento mágico, el deseo ya no nos arrastra; lo vemos actuar, sentimos su empuje, pero ya no somos el único objeto de su fuerza. No hay aquí crueldad alguna, pues la indiferencia es ante el propio yo, que se trata como el de otro. Los expertos en este camino aseguran que lo que antes sublevaba o amedrentaba ahora se vive sin indignación ni temor.

Las estrategias de la cultura mental tienen un objetivo: rebasar los límites de la propia personalidad, de esa alma que trajimos al mundo. Vigilar los sueños no sólo es posible en la vigilia, sino también cuando dormimos. En ambos casos, la experiencia adquiere un brillo del que antes carecía. La complicidad ya no es con el yo, sino con algo que está más allá. Para desarrollarla, los budistas recomiendan dirigir la atención a fenómenos de germinación, crecimiento y extinción: un brote que florece, un joven esplendoroso, un árbol que se aja y muere. Otro método consiste en atender al modo en que lo que percibimos despierta en nosotros determinadas emociones y pensamientos, y en discernir cuáles son los patrones que rigen ese proceso. El ánimo tiene sus propias rutas y sus propios atajos. El pensamiento fúnebre no sólo oscurece nuestra personalidad, también es sombra para quienes nos rodean. Y siempre es posible refrenar el disgusto o la aprobación ante aquello a lo que nos enfrentamos. Otra posibilidad es atender a lo sonoro: el discurrir del agua, el ronroneo del gato, la voz del amigo. Todo ello nos brinda oportunidades para vibrar al unísono con otro. O atender a los sonidos de la lengua olvidando sus significados. Los materiales para el desarrollo de la cultura mental no son los inciensos del rito, ni siquiera los hongos, el peyote o la ayahuasca; son los mecanismos mismos de la atención y la percepción. Hay un poder genésico en la imaginación: observen una semilla, cierren los ojos y contémplenla mentalmente, atiendan a su forma, color y textura, y ahora háganla brotar. Lo que la imaginación bosqueja, lo harán la tierra, el sol y el agua. Y cuando esa planta muera no desaparecerá en la nada, sus semillas lo atestiguan. El destino de las formas es nacer y desaparecer, no así el de la corriente que las atraviesa. Nacimiento y muerte no son sino una transformación sin la cual no sería posible la regeneración de las energías creativas. La muerte, funesto enemigo de la civilización tecnológica, es esencial para el instinto y la vitalidad.

Desarrollar el oído para lo trascendente: unos lo traen en el equipaje, otros tienen que erigirlo. Los senderos más rápidos son los más peligrosos, pues ponen en riesgo nuestra salud y nos abisman en pozos de los que es difícil salir. El asceta puede ser tan voluptuoso como el borracho. Esto suscita otra cuestión que ya se plantearon los budistas: la de si había lugares de no retorno en el cosmos, seres que por su obstinación y terquedad no eran recuperables para el despertar. Desde la propia perspectiva de la cosmología budista, podemos decir que no: siempre hay camino y oportunidad, aunque para algunos seres el equipaje del pasado sea una carga demasiado pesada. En esos abismos entra en juego la figura del santo *(bodhisattva)*, el único dotado de la energía necesaria para rescatar a esos seres de los pozos en los que han caído.

No sabemos vivir en el paraíso. Ya fuimos expulsados una vez y, de una forma más o menos consciente, siempre encontramos el modo de escapar de él. La razón es sencilla: el placer sostenido finalmente aburre y hastía. La diversión perpetua es un contrasentido. Nos lo hemos repetido desde antiguo, el Génesis y la *Odisea* son muy claros al respecto, y, sin embargo, seguimos buscando el paraíso, seguimos soñando con habitarlo, seguimos creyendo que la vida, la verdadera vida, está en otra parte.

Los niños lo saben: no nos sentimos cómodos en un cuerpo que no envejece. El paraíso es una ficción y debe quedar como tal. Cualquier intento de implantarlo en la vida está destinado al fracaso. Ulises no sólo es astuto, también es sabio. Renuncia a Calipso y decide conocer la vejez y la muerte. Sabe que la eternidad no es para él, que no forma parte de la condición humana; quiere ser, ante todo, humano. Ulises rechaza ser un dios, pertenece a la familia de los hombres; de hecho, es su representante. Un perfecto humanista, en el sentido cabal del término. Ulises está maravillosamente afianzado en la vida, sabe esquivar los peligros, conoce el principio del ser. Su sabiduría consiste en asumir plenamente la condición humana, la seducción y lo que quieren los hombres. Sabe lo que es la vida de aquí abajo, conoce su naturaleza híbrida y compleja. Se ha topado a menudo con los nostálgicos y los inquietos, con los que creen que la vida está en otra parte. Ha sabido sortear a los platónicos, a los que sienten que el alma no es de este mundo, que está exiliada, a los que prometen la vida eterna.

Los sueños regresan cíclicamente como signos en rotación. Hoy de nuevo vuelve la vida eterna, esta vez de la mano del sueño de la ciencia y de la ingeniería genética. Y hay pocos como Ulises, que desconfíen de esas promesas. Precisamente porque no conocen la vida verdadera, la de aquí abajo, ni la naturaleza del deseo. Y esos incautos caen presa de los perpetuos insatisfechos, de los que aspiran a hacerse con todo el botín. Unos dan de comer a otros. El tirano no se erige a sí mismo, el esclavo contribuye a ello.

Nosotros, los modernos, concebimos el universo material, imaginamos colisiones de electrones, explosiones de estrellas, el viaje de la luz, el gas navegando por el espacio interestelar. Sentimos afecto y pasión por el minucioso relato que desgranan las ciencias y damos forma a nuestras ideas con esa narración. Y, sin embargo, nos resistimos a admitir que concebimos, imaginamos, sentimos. O lo reconocemos sin reconocerlo, con otras concepciones (generalmente abstractas), con otras imaginaciones, en infinita regresión. Nadie ha visto nunca un electrón, pero los físicos pueden trabajar con él sin verlo, imaginándolo, observando el rastro que deja en sus detectores. Lo mismo le ocurre al hombre de fe. No le hace falta ver la divinidad, le basta con sus efectos.

Si tuviéramos ocasión de asomarnos a la trastienda de la existencia, a los bastidores donde se preparan los efectos de lo manifiesto, veríamos en lo alto, alzadas en grúas, las Ideas platónicas, los Campos de Buda y varios linajes de Ángeles. Un poco más abajo, a la altura de los palcos, los arquetipos junguianos, que animan toda la simbología religiosa, y, al nivel de la platea, los mitos, leyendas y metáforas del hombre común. Por debajo del escenario, en el foso, encontraríamos a los espíritus de los abismos, que, necesitados de compañía, intentan arrastrar a los actores (nosotros) a sus oscuras moradas. Entre los personajes hay, claro está, *bodhisattvas* y otros santos desvelando el artificio del mundo y brahmanes rasgando el velo de *māyā*. La imagen es clásica, y en nuestra tradición dramática se la debemos a Calderón:

> Sólo en tu concepto estamos,
> ni animamos ni vivimos,
> ni tocamos ni sentimos,
> ni del bien ni el mal gozamos;
> pero, si hacia el mundo vamos
> todos a representar,
> los papeles puedes dar,
> pues en aquesta ocasión
> no tenemos elección
> para haberlos de tomar.

Rousseau se equivocaba: no nacemos libres, traemos un alma. Y esa alma, con su constelación de inclinaciones y deseos, con sus aspiraciones y cuentas pendientes, con sus aptitudes y torpezas, da forma al personaje que hemos de representar. Llegamos al mundo con un papel asignado; la pregunta es quién nos lo asignó, si uno mismo, que fue otro, o un dramaturgo universal. También se equivocaba Freud: no todo se decide en la infancia, sino mucho antes, antes de que nosotros mismos, requeridos como John Howell a resolver el enigma de la existencia en el cuento de Cortázar, hagamos nuestra aparición en escena.

Ni las ideas ni los arquetipos se encuentran en un ámbito superior desde el cual dirigen el mundo. Están entre bastidores, son la trastienda que interactúa con lo fáctico y produce los efectos escénicos, las figuras de ese tapiz que llamamos *realidad*. La novedad respecto a otros planteamientos es que ambos mundos, el de aquí y el que está al otro lado del aire, se necesitan y complementan. Ambos comparten un destino común.

Toda hipótesis es ya una conjetura. Toda suposición, un indicio. ¿Qué queremos decir? Que en el planteamiento mismo se encuentra ya la evidencia. Que cuando se plantea una hipótesis, la investigación en cierto sentido ya ha concluido. Se finge un comienzo y se oculta el camino andado para hacer efectiva la ilusión de la lógica. Ahí está la magia. Peirce lo llamó *lógica de la abducción* (la *abductio* traduce la *apagogé* aristotélica). Ese rapto significa «separación» y, en este caso, «ocultación». Para su escrutinio conviene analizar ciertas tradiciones experienciales y algunos presupuestos de la filosofía india.

A finales del siglo XIX, William James, profesor en Harvard, se veía a sí mismo empujando con el hombro para que una puerta no se cerrara. Esa puerta era la del mundo académico. El dilema entre ciencia y fe era antiguo, pero en esos años había reverdecido con el auge del positivismo. Para James resultaba fundamental que la investigación científica no dejara fuera de la conversación temas como el de la conciencia o la fe. La agenda positivista contemplaba extender los métodos de ciencias en alza como la física y la química al resto de las disciplinas, incluidas la filosofía o la psicología. James no tenía ninguna intención de defender instituciones eclesiásticas, enfoques metafísicos o teologías dogmáticas, pero consideraba indispensable ampliar el conocimiento científico a una diversidad de experiencias, personales y privadas, con frecuencia llamadas *místicas*, pero que podían recibir cualquier otro nombre. Para ello hacía falta una revolución del pensamiento (que finalmente no se produjo) que asumiera un *empirismo radical* heredero de los planteamientos de Berkeley. Se trataba de revisar algunas obviedades que se habían pasado por alto y que venían planteándose desde los diálogos platónicos: ¿cómo es posible el error si la sensación es fuente y medida de la verdad?, ¿cómo hablar científicamente de errores si la ciencia no difiere de la sensación? Preguntas que remitían a viejos planteamientos: ¿es la materia entrevista como a través de un sueño? El nervio de la postura de Berkeley estaba siendo revitalizado. La cuestión no era restablecer la idea de lo inmaterial, sino incorporar al ámbito científico el hecho fehaciente de la vida esperanzada.

El intento de William James fracasó y el neopositivismo acabaría cerrando esa puerta. Los nuevos positivistas no eran como los antiguos, más dispuestos a incorporar nuevos territorios a la ciencia, sino que se dedicaron a delimitar el dominio de la investigación científica, a erigir barreras infranqueables más allá de las cuales no había ciencia. Se cumplía así el diagnóstico que haría más tarde Foucault: el conocimiento no estaba hecho para comprehender, estaba hecho para zanjar.

Pero en la época de James esos muros todavía no se habían levantado y era posible un cambio de perspectiva. La cuestión clave era hacia dónde mirar. Y James miraba hacia las experiencias místicas y se recreaba en ellas. Las sensaciones que se derivaban de tales experiencias eran irrefutables (él mismo había experimentado estados ampliados de conciencia con óxido nitroso). El error no podía estar en la sensación, sino únicamente en la combinación de ideas. La equivocación no consistía en confundir la cuerda con la serpiente, pues ambas sensaciones eran ciertas, sino en unir torpemente una cosa con la otra. En estas páginas se comparte la idea de James de que la vida de la conciencia no debería quedar fuera de la investigación científica. Carece de sentido ignorar lo incuestionable, el saberse ser, aduciendo razones mecánicas o algebraicas. Se trata, como generalmente ocurre, de una predisposición y un prejuicio, de intereses y preferencias; en la hipótesis está ya la conjetura.

¿Y qué es la vida esperanzada sino esa perspectiva en la que uno mismo se encuentra en el escenario de análisis? La física cuántica ha reforzado el planteamiento al dejar claro que el investigador forma parte del experimento. Es el reino de la vida, un ámbito que se proyecta hacia el futuro, de causas teleológicas, con voluntad de maduración, donde no es posible prescindir del sujeto que inquiere (algo que hacemos cuando miramos al pasado, habitualmente contemplado en tercera persona). Ese espíritu es el que impregna la investigación de este libro. Una investigación en primera persona donde las tesis que se consideren ciertas no se contemplarán como si el propio investigador no estuviera allí. Como suele ocurrir en lógica, las tesis no cuestionadas serán del que escribe estas páginas.

Partimos de una hipótesis: el mundo se mueve por una tensión esencial. De un lado, un principio contemplativo, la observación; del otro, un principio creativo, la imaginación. Los pueblos de

Oriente han visto en el primer principio lo masculino y en el segundo lo femenino. Pero no importan tanto estas atribuciones como el hecho de que ambos se necesitan y de que, gracias a su complementariedad, el mundo conserva su fuerza expansiva. Ambos constituyen el resorte que mantiene el avance creativo de lo natural. La creación, siempre inconclusa, es lo más natural del mundo. La observación, sin embargo, ya no es tan natural y en ocasiones parece estar fuera de la naturaleza.

La extrañeza esencial que despierta a veces el vivir quizá tenga su origen en que el yo, lo que llamamos *personalidad*, es algo prestado. Convivimos con esa personalidad, nos peleamos con ella, luchando unas veces de su lado, otras veces en su contra, y al final (el roce hace el cariño) acabamos identificados con ella. Tanto que nos aterra perderla. Incluso llegamos a soñar con la posibilidad (bosquejo de la peor pesadilla) de pasar la eternidad junto a ella, de ser ella siempre. Y se da la paradoja de que podemos amarla más que a nosotros mismos, a pesar de ser algo eventual en nuestra vida. Y entonces el viejo olvida lo que el niño ya sabía: que el yo fue un rapto, que nunca nos perteneció, que hubo un momento de la vida en que tuvimos que acostumbrarnos a él.

Se ha dicho de muchas maneras: las imágenes nos constituyen, la imaginación es una facultad divina. La confianza en su poder creativo, la eficacia de sus visiones, es un motivo recurrente entre los sabios de la Antigüedad, ya sean védicos, herméticos, budistas, sufíes o chamanes. Las imágenes creadas por la imaginación tienen autonomía y vida propia, hasta el punto de liberarse de aquel que supuestamente las produjo. El tema es clásico en la literatura india (Borges lo exploró en «Las ruinas circulares»). Para entender la naturaleza de este fenómeno es necesario reformular el concepto de *mente*. Las tradiciones antiguas no entienden la mente como lo hace el ciudadano moderno, que asocia mente y cerebro. Hoy suele considerarse, en primer lugar, que la mente pertenece a un yo; y, en segundo lugar, que su función es captar objetos externos a la propia mente con la ayuda de los sentidos. Estos dos supuestos falsean la naturaleza de la mente tal y como la conciben las tradiciones antiguas. La mente es para éstas, si se me permite decirlo, la ausencia de dualidad sujeto/objeto. La mente no está aquí o allá, no pertenece a este o a aquel sujeto, no está ni fuera ni dentro. El conocimiento es lo único real. El pensamiento sólo se conoce a sí mismo. Lo demás son realidades convencionales: este o aquel sujeto, este árbol, aquel planeta.

Un planteamiento vital que acepta la universalidad de la sensación. Y también un elogio de la atención que no obliga a buscar la realidad detrás del escenario. Frente a la fiebre del análisis y el mito de los bastidores, se asume que la escala de observación crea el fenómeno. Y la escala crucial es la de la propia vida, lo que uno ve o sueña, aunque esa experiencia pueda verse deformada por lentes de aumento o espejos reflectores. Se trata, claro está, de un planteamiento antiguo. Berkeley intentó revivirlo sin mucho éxito, en un intento de resistencia frente a la deslealtad moderna de tratar las sensaciones como signos de la realidad, y no como la realidad misma.

El budismo justifica este planteamiento aduciendo que toda experiencia deja en la mente una impronta o huella, una impresión residual de la que brotará la experiencia futura. La mente se encuentra atrapada en esa dinámica de reproducción propia de la vida consciente. Y así como el sueño reactiva las impresiones de la vigilia, produciendo todo su espectro de imágenes, así esas huellas surgen de la impronta de otras *huellas* anteriores (que para el budismo se remontan a estados previos a la existencia presente) y hacen posible esa representación que llamamos *experiencia*. De ahí que se diga, como hará después Berkeley, que lo real tiene una naturaleza mental. Por tanto, la imaginación será el recurso fundamental de la vida del hombre. Puede perderlo o guiarlo. Y hay ciertas técnicas imaginativas que ayudan a reorientar su curso hacia la empatía y la serenidad.

Ahí radica la impronta de la literatura y del mito, cadenas de palabras que suscitan imágenes, o de los términos mágicos de la cábala y otras artes arraigadas en la contemplación. La fuente original del lenguaje, ya sea el habla común o el lenguaje lógico-matemático, es decir, la fuente original de todo conocimiento, reside en la imaginación. Ella es el recurso ineludible. Negarla es negar la esencia misma de la vida humana, conformarse con un sucedáneo.

¿Significa esto que no hay individuos, sino sólo imágenes? No exactamente. Se afirma que lo que llamamos *individuo* se describe mejor si se lo considera imaginario. Cada corriente de imaginación lleva en sí su propio mecanismo de reproducción, viene de un origen sin comienzo, y es lo que subyace a lo que habitualmente llamamos *personas*. La corriente de estas representaciones se perpetúa siguiendo las leyes de aparición y desaparición, que marcan, por un lado, la dinámica interna de las propias experiencias (y sus huellas asociadas) y, por otro, la influencia de las corrientes imaginativas de otros seres, que siguen diferentes itinerarios cognitivos.

Con todo ello se descarta la posibilidad de que la mente sea algún tipo de *entidad* capaz de conocer algo diferente de sí misma, y también de que constituya algo así como un espíritu eterno y permanente. La mente no es más que la serie de representaciones y actos cognitivos que son resultado de la actualización de las impresiones. Las tradiciones sapienciales estuvieron más interesadas en navegar esa corriente que en salvar una supuesta realidad exterior a la mente. El mundo se presenta así como ilusión fecunda; el espectador, inducido por la destreza del prestidigitador, crea en su mente una imagen que carece de contenido. Del mismo modo, la mente humana, inducida por el mecanismo de actualización de las impresiones (la ilusión del mundo), cree ser un sujeto autónomo que observa una exterioridad, cuando de hecho forma parte de ella.

El juicio habita en la mirada. Para Brentano, la percepción es juicio o creencia; para Bergson, filtro y selección de todo aquello que interesa a esa imagen que llamamos *cuerpo*. De ahí que las *representaciones objetivas* no sean sino representaciones convencionales (nos hemos puesto de acuerdo en considerarlas objetivas) que escamotean la irreductible realidad de lo mental. No siempre es posible pasar revista a los devaneos de la vida interior, como no lo es dibujar el mapa de los cerros de Úbeda. El alma recibe numerosas impresiones que no pasan por la conciencia. Sigilosas, secretas, impiden ver las influencias que determinan nuestras acciones. De ahí los aparentes caprichos de la fantasía.

Dante vio una pantera, un león y una loba. Tres sueños recrean y entretienen al hombre: el de la vigilia, que es el que corresponde a la inmersión en los sentidos; el durmiente, que es el vuelo de la mente liberada del cuerpo; y el profundo, que carece de contenido. Dicen algunos que, de todos ellos, el más real es el último. Respecto a los dos primeros, el sueño de la vigilia se encuentra asediado y comprometido por el paisaje, mientras que en el sueño durmiente el sujeto no sólo crea el paisaje, sino que además es espectador, actor y dramaturgo. El murmullo de Próspero puede oírse todavía: estamos hechos del mismo material del que están hechos los sueños. No elegimos el contenido del sueño que creamos, como no elegimos lo que vemos u oímos. Hay quien vigila los sueños, y no desde la memoria despierta. Existe la creencia, probablemente falsa, de que los sueños ayudan a resolver el enigma del yo, de que hay cierta conformidad entre el comportamiento vigilante y el onírico, que el noble no será mezquino mientras duerme, ni el generoso avaro, ni el valiente apocado. Lo único que sabemos es que el pensamiento diurno tiene un doble enterrado en la noche. Sería ingenuo creer que la vigilia ofrece verdades y Morfeo falsedades, que el disparate onírico simplemente equilibra la sensatez diurna. En todo sentido común duerme algo fantástico, una yegua de la noche. Borges nos lo recuerda: si un tigre entrara en nuestro dormitorio, sentiríamos miedo; si sentimos miedo en el sueño, engendramos un tigre. Hay un cuarto sueño que los hindúes llaman *mokṣa* y los budistas *nirvāṇa*.

El fantasma de la identidad. Siempre hemos presentido que los sueños traen verdades. El sueño impresiona, y para algunos es prueba inequívoca del carácter mental de lo real. La ayuda del sueño nunca fue desdeñada en el arte ni en la filosofía. Hoy las cosas han cambiado. Es difícil, aunque no imposible, imaginar a un filósofo analítico sirviéndose de sus sueños para preparar sus artículos; sin embargo, ningún poeta se atrevería a despreciar su inspiración.

No dejamos de cambiar, aunque sólo sea de sueño. Que la vida es sueño y venimos a este mundo a soñar, que alguien en este momento nos sueña y sueña el mundo, que estamos hechos de la misma sustancia que los sueños, son todas ellas ideas antiguas de taoístas, aztecas y bosquimanos. Shakespeare y Calderón las rescataron para la modernidad, Borges consagró unos de sus cuentos más enigmáticos, «Las ruinas circulares», a la creación mediante el sueño y nunca dejó de trazar su recorrido literario.

En la India, la imagen clásica es Viṣṇu recostado sobre un océano de leche y arropado por los anillos de una serpiente interminable mientras sueña el universo. Si somos seres soñados, la pregunta ineludible es: ¿quién nos sueña? Del ombligo del Viṣṇu durmiente brota una flor de loto que sostiene a Brahmā, el creador. Una planta cuya savia son las imágenes del sueño y que se despliega y se recoge como el propio universo, vientre y sepultura de todo lo vivo.

¿Puede intervenir el soñador del mundo en su propio mundo soñado? ¿Puede él mismo (dramaturgo, escenógrafo, protagonista y antagonista de la obra) introducirse en la trama que ha creado y deshacer entuertos? O mejor, ¿es Adán la criatura de Yahvé o Yahvé la criatura de Adán? Para los budistas, no hay soñador supremo. Los paraísos, los abismos, esta misma vida sensible y desdichada no son un lugar en el espacio, sino el sueño de sus moradores. Soñamos con los ojos abiertos los colores, soñamos las palabras, y con unos y otras nos orientamos dentro del sueño. Jung veía en los sueños una puerta entreabierta a los secretos del alma, a su oscura e indiferenciada noche, al ámbito donde todavía no hay identidad. Creía, como Buñuel, que en ellos, desprovistos del yo, somos paradójicamente más genuinos. Pues los sueños refutan la lógica más tramposa, la de la identidad. De ahí su poder lenitivo. Algo similar le ocurre al espectador de una película o al lector de una novela: su identidad queda desdibujada por la de los protagonistas; sus preocupaciones e inquietudes, trasladadas. Se arrumba lo propio y se asume lo ajeno, y este desplazamiento, este quitarse un peso de encima, nos aligera y nos permite atisbar el fantasma de la identidad.

Los astrofísicos nos hablan de galaxias caníbales. Se trata de galaxias de enorme masa que han dejado de producir sus propias estrellas y acaban devorando a las galaxias cercanas, eficientes todavía en la creación de estrellas a partir de su propio gas. Las galaxias caníbales crecen alimentándose de aquello que ya no pueden producir. Al no haber un único soñador, la pregunta que se hace el pluralista (el budista, William James) es: ¿qué ocurre en el encuentro de dos sueños? ¿Acaso no se producirán explosiones? ¿Y qué decir de los sueños autocomplacientes (virtuosos o perversos), arrollados sobre sí mismos? En el rosal enmarañado del sueño, el juego de los soñadores es de mutua apelación. Uno recurre al otro, lo contiene y es contenido por él. Uno sostiene al otro, y éste es a su vez refugio de aquél.

Memoria es recolección (de algo que se ha caído o dispersado) a lo largo de un itinerario de impresiones. Parece pasada, pero es presente. No podemos desdeñar el papel de la memoria en lo que vemos u oímos. El instante mismo de la percepción se encuentra impregnado de memoria (y de palabras). Resuena aquí un eco, el de la vieja distinción entre naturaleza y cultura, entre lo que es y lo que pensamos que es, entre lo dado y lo elaborado. La propuesta es modesta y, al mismo tiempo, ambiciosa: ninguna ciencia, salvo la ciencia de la imaginación, podrá darnos acceso a un espacio en el que podamos contemplar nuestras propias inclinaciones y sus relaciones con algo exterior a ellas. Una propuesta que coincide con la de Berkeley y socava la discontinuidad entre la mente y aquello que ésta percibe. Y es la experiencia de la meditación, y no este o aquel argumento, la que justifica esta teoría de la apariencia.

La imaginación tiene aspectos cognitivos esenciales. Uno de ellos es su capacidad de combinar representaciones (de ahí la fantasía). Pero, como potencia creativa, la imaginación no se limita a (re)presentar en el mismo orden lo aprehendido, sino que, como pensaban los cabalistas, puede combinar y reordenar sus aprehensiones para formar ideas *nuevas*, para hacer descubrimientos. La imaginación proyecta la rueda y el reloj, el átomo y el bosón de

Higgs, pero también el miedo, la esperanza o la serenidad. Ahí radica su fuerza transformadora.

El sueño está amueblado con los paisajes de la memoria. La cuestión es hasta dónde llega su alcance. Los diferentes itinerarios espirituales ofrecen diferentes cuadros que no corresponden tanto a la época o al lugar en que se vive como a la capacidad de rememorar el camino. La posición sólo existe en las mentes que se creen ubicadas en ella. Hay paisajes que tienen que ser vistos para ser creídos, y paisajes que tienen que ser creídos para ser vistos. Kafka no se equivocaba: esas potencias producen transformaciones tan completas como las de los insectos.

Nadie duda de la utilidad de la imaginación para el razonamiento o para la anticipación de posibles escenarios. Funciona como un sexto sentido que combina intuición y memoria. Las síntesis de la imaginación generan conocimiento, como advirtió Hume: «La imaginación manda sobre todas sus ideas». Chesterton secundaría esta opinión. Pero no todo son bendiciones. La imaginación tiene también sus compromisos y ataduras (Coleridge llamaba *fantasía* a ese lado oscuro). La imaginación nunca es completamente libre cuando combina sus representaciones. Unas asociaciones llevan a otras. Esos enlaces tienen su historia y no siempre son nudos fáciles de deshacer. Es aquí donde entra en juego la memoria. Al convocar imágenes cuando ya no están presentes, la imaginación depende del recuerdo de experiencias pasadas.

Desde la perspectiva india, la memoria es inercia kármica. La imaginación tiene sus costumbres. Lo prueban las fábulas, también los sueños, lo que ha llevado a la psicología analítica a hablar de arquetipos, modelos reconocibles individual o colectivamente. Esas imágenes no surgen de la nada, sino que se remontan a antiguas representaciones que dejaron su rastro en la mente del mundo. Sin embargo, esta situación no aboca al determinismo: es factible abrir nuevas asociaciones entre categorías y fenómenos, elaborar *patrones* que guíen otras formas de la vida mental. Las diferentes culturas de la meditación tienen como objetivo reorientar dichos mecanismos de reproducción. Éste es el aspecto *liberador* de tales prácticas. Se da por supuesto que la mente posee cierta espontaneidad, que no está sometida por entero a la determinación kármica o a la inercia de las impresiones.

Esa vía que abre el cultivo de la mente se justifica por el hecho de que toda imagen es también negación, cedazo, fragmentación del mundo desde cierto punto de vista. De ahí que el uso de imágenes sea tan frecuente en la meditación. Un ejercicio común consiste en *traer a la mente* o *recolectar* una imagen que represente cierta virtud (los budistas recurren a la imagen de Avalokita, símbolo de la identificación afectiva). La tradición de los antiguos recurría a objetos específicos para lograr este efecto. Los textos canónicos enumeran diez clases: tierra, fuego, agua, viento, azul, amarillo, rojo, blanco, espacio y conciencia perceptiva. Un ejemplo clásico es la colocación de un disco coloreado frente al meditante. Esta imagen se utiliza para serenar la mente. No entraremos aquí en los detalles de estas prácticas; lo que nos interesa resaltar es que la mente es la gran maestra en el arte de las figuraciones y que el color puede aquietarla. No estamos hechos de palabras, estamos hechos de imágenes (visuales y sonoras), y en este sentido todas las culturas y todos los climas comparten una herencia común y hablan una misma lengua. Las narraciones nos constituyen, sí, pero su universalidad es cromática, no verbal.

La mirada actualiza la presencia de un objeto. Ahora bien, ese objeto puede ser externo (las artes plásticas), puede ser el propio cuerpo (las artes curativas) o puede ser una idea (las artes meditativas). Cuando es una idea, la percepción es la facultad primera de la mente. Creemos oír la campana o ver la antorcha, pero sólo hay la luz y el sonido. La mente es pasiva (no puede dejar de percibir lo que percibe), pero también selectiva. Si atiende a lo sanador, sana; si atiende al despropósito, enferma. Según la teoría cuántica, el investigador debe elegir entre dispositivos experimentales excluyentes entre sí. La situación del observador cambia y el espectador pasa a ser actor. Ya no hay un espectador ajeno a lo que ve, sino que desempeña un papel de agente activo que tendrá efectos sobre lo observado. El modo de mirar el mundo puede cambiarlo. Eso es lo que Spinoza llamaba *no resistencia directa al mal*. Al mal hay que sortearlo, para enfrentarse a él no sirven los muros de contención. Spinoza lo dejó claro: la resistencia directa al mal tiene resultados nefastos, es necesaria la estrategia: puede más la seducción que la fuerza. Ésa es la alegría irreductible de su filosofía.

Un ejemplo ilustrativo es la estética de Stephen Dedalus. La vía del arte, según el personaje de Joyce, puede seguir el camino de la empatía o el del horror. En el primer caso, el espectador se une al personaje afligido; en el segundo, a la causa oculta de su sufrimiento. Puede acercarse o alejarse, elegir la afección o la aversión. Pero el buen arte no debe procurar ninguna de estas dos emociones, ni lo patético ni lo furioso, ni lo didáctico ni lo pornográfico, sino la elevación sobre ambas, el logro de la quietud. El arte, según el artista adolescente, no debería suscitar ningún movimiento del alma, sino limitarse a dejarla navegar en la mera contemplación, en el deseo irónico.

Sobre la meditación. La vacuidad budista no es una verdad (mucho menos una verdad absoluta), tampoco algo alcanzable o que se pueda visualizar en estados profundos de meditación. La vacuidad es más bien una actitud cotidiana que permite evitar la reactividad de nuestras inclinaciones naturales, ya sean de rechazo o de aceptación. No es algo que haya que entender, sino algo en lo que conviene *estar*. Por eso se dice que la vacuidad es una morada, un modo de estar en el mundo que no se aleja mucho del socrático: asumir el desconocimiento, manteniéndose vitalmente alerta y abierto al misterio de la vida.

Los budistas insisten en un principio simple, casi tautológico, de la percepción: «Que en lo visto haya sólo lo visto» (lo mismo puede decirse del resto de los sentidos). Es decir, que en la experiencia visual no entren nuestros recuerdos o deseos, sólo la pura experiencia del color y la luz, sin reminiscencias ni asociaciones. La magdalena de Proust está vetada. Lograrlo, claro está, es imposible. Pero sí podemos aproximarnos a ello. Y entonces la pura conciencia, sin contenido, experimenta la sensación del color sin proyectarse en esperanzas o temores, en deseos o aversiones. Una actitud que despoja a la percepción (y, por tanto, a la mente) de lo *gúṇico*, como diría un filósofo del *sāṃkhya*, esto es, de las adherencias que oscurecen el saberse ser.

Tengo un interés muy puntual en los estados de concentración sostenida y de éxtasis introspectivo. Prefiero la luminosidad cotidiana de lo sensible. Entre visualizar un mandala con los ojos cerrados o un árbol mojado por la lluvia, elijo lo segundo. Porque puede acercarnos a experimentar la conciencia vacía. Me interesan todavía menos los poderes que los budistas atribuyen a la meditación profunda: la lectura de la mente ajena, la absorción en lo incondicionado o la canalización de las energías psíquicas a través de los chakras. La mística tiene su adicción, pero no es la mía.

La invención de lo cotidiano es un arte. Un arte que hace que lo cotidiano nos sorprenda, que adquiera un nuevo cariz. No es posible el cultivo continuo de la sensibilidad (a veces hay que poner el piloto automático), que además acabaría con la espontaneidad en nuestras vidas, pero sí está a nuestro alcance profundizar en ella («Que en lo visto haya sólo lo visto») en diversos momentos del día. No se trata de experimentar una visión trascendente o privilegiada, sino de atisbar, como si se tratara de un sutil guiño, la conciencia vacía. De ese modo ventilamos la mente, evitamos ahogarnos en el torrente de nuestros pensamientos. La gran invención del budismo fue precisamente advertir que el único refugio seguro reside en ciertas actitudes de la mente despierta, cuando ésta se aquieta y se acompasa con el ritmo de la respiración, cuando soltamos el lastre del yo y de lo mío, de los miedos y los intereses. Los budistas hablan de *brahmavihārā*, o «cuatro moradas sagradas»: la de la bondad, la de la empatía, la de la alegría y la de la ecuanimidad. Todas estas moradas no están bajo tierra, en un búnker inexpugnable, ni en un cielo fuera de nuestro alcance, tampoco escondidas en lo profundo del bosque o en alta mar. Están en la mente del ser humano. Es posible refugiarse en ellas cuando parece que la vida no da tregua, en esos momentos en los que nos asedian la soledad o la tristeza. Y de ellas se sale con otro talante, con la energía suficiente para afrontar lo que esté por venir.

Estamos en el espacio y sucedemos en el tiempo (o eso creemos). Y en la duración y el movimiento, ofrecemos diferentes caras de nosotros mismos. Esa metamorfosis de los rostros se encuentra guiada por todo aquello que hacemos. Me explico: el hacer no imita, sino que identifica. Sólo lo que hacemos puede cambiar el nombre de las cosas, y en función de esa hechura los seres se transmutan y cambian de identidad (como en un sueño). He ahí el drama del mundo en que vivimos. Y la razón por la que algunas filosofías han definido al individuo como una particular unidad de actos y han postulado que la evolución del cosmos corre en paralelo a la evolución espiritual de los seres. Espacio y tiempo son la fermentación de la vida que percibe y siente. Episodios mentales que abren caminos en el espacio y dibujan la curvatura del tiempo.

En un cosmos autorregulado por la vida consciente, los destinos individuales ya no se encuentran a merced del destino del universo, ni siquiera del planeta que habitan, el cual prepara las condiciones para su aparición o garantiza su supervivencia, sino que son las propias acciones de los seres, su abanico de verbos, las que trazan la singladura de la nave del mundo. El tejido del espacio-tiempo es suplantado por un tejido verbal, sonoro, atrapado en ritmos eternamente repetidos. «Las criaturas nacen del vientre de sus propias acciones», dice un antiguo poema budista. Sus acciones son la sombra de todo lo que hicieron y la luz de todo lo que harán. La identidad, ese deseo de perfilar (la pincelada del pintor, el verso del poeta, el ADN del científico), es acto puro, verbo suelto.

Hay dioses rústicos y territoriales, más provincianos que otros, como también hay fieles más comprometidos que otros, preocupados por ser mejores personas en vez de por seguir el perfume de lo que inspira. «Los romanos –cuenta Emmanuel Carrère en *El Reino*– estaban orgullosos de su tolerancia. No tenían nada en contra de los dioses ajenos. Estaban dispuestos a probarlos, como se hace con la cocina exótica, y, si les gustaban, a adoptarlos. No se les habría pasado por la cabeza la idea de decretarlos "falsos"; como mucho, un poco rústicos y provincianos.» Cada cual habla su lengua, como cada cual vive su religión, ya sea positivista o romántica, prosaica o imaginativa. Los judíos de Galilea pensaban que sólo su dios era el verdadero y que suponía una importante equivocación, moral y científica, adorar a dioses ajenos. Esa superstición era inconcebible para védicos o para romanos. Curiosamente, hoy nos parecemos más a los antiguos hebreos. Si hacemos un esquema apresurado sobre las posibilidades ante lo divino, encontramos:

- Que, como supone el improbable mito hebreo, lo divino sea Él, un Dios fuera de nosotros, con una venerable barba blanca y la capacidad de juzgar a sus súbditos, a semejanza del padre que vela por sus criaturas al tiempo que las somete a exigentes pruebas.
- Que nos hallemos sumergidos en lo divino, como el pez en el agua, como el animal en la atmósfera. No somos Él, pero vivimos en Él y sin Él no podríamos existir.
- Que lo divino viva en nosotros y no ahí fuera, en algún otro lugar. Que se encuentre repartido en la diversidad de los seres, haciéndose igual que nos hacemos nosotros. El universo como proyecto inacabado, que deja a la vida consciente la tarea de cumplir su destino.
- Que lo divino viva en nosotros y también en el mundo inanimado, en la piedra, el fuego o el viento, con diferentes grados de intensidad (y compromiso).
- Que lo divino sea el umbral y la encrucijada, el roce o el sonido (choque de cuerpos), conjunción de lo interior y lo exterior (lo que llamamos *espacio exterior* estaría entonces en el interior). Es la apuesta de Berkeley: lo divino como percepción. Así, lo divino en cuanto símbolo queda descartado. Una antigua leyenda lo ilustra. Un monje entró en un templo y, al ver una imagen de Dios, se preguntó si lo divino tenía una forma determinada. Al intentar tocar el icono con su bastón, éste lo atravesó de izquierda a derecha, por lo que el monje concluyó que Dios carecía de forma. Pero antes de irse quiso hacer otra prueba. Pasó su bastón sobre el icono de nuevo, pero esta vez de derecha a izquierda. Entonces la madera de la vara tropezó con el icono. De la experiencia dedujo que Dios tenía y no tenía forma. Y a partir de ese día se contentó

con saber que no son las formas, sino el color o el sonido, los que conducen a lo divino.
- Todas las anteriores *(Bhagavadgītā)*.
- Ninguna de las anteriores (la noche del sentido).

La atención y la conversación son las llaves de la libertad. La primera es filtro; la segunda, respuesta. La atención educa el pensamiento. Hay objetos de percepción que liberan, mientras que otros encadenan. Hay pensamientos que tienden al subsuelo y otros a levantar el vuelo. Todo ello depende de la atención. Inmersos en el océano de las impresiones, construimos nuestra realidad mental según hacia dónde dirigimos nuestra atención. Eso es lo que aquí se llama *cultura mental*. Hoy todo el mundo tiene activado el sentido del desprecio y la repugnancia (políticos y periodistas se encargan de exacerbarlo); es hora de activar el sentido de la simpatía, de la identificación afectiva. Es la única forma de salir del estupor y el escepticismo. Acomodarse a ciertas emociones es como amueblar la propia prisión.

Hay una mirada atenta que se cierne sobre los pensamientos y los ve pasar, erráticos y ridículos, como nubes que se lleva el viento. En este punto, todos somos jóvenes e inexpertos, dados al desvarío. Una atención que nos permite vernos desde fuera y es eco de otra mirada. Hay, por otro lado, quien se identifica con sus pensamientos (el arquetipo del creyente) y quien los ve pasar (el arquetipo del contemplativo). Del mismo modo, hay quien se identifica con sus deseos (el arquetipo del pasional) y quien los ve pasar sonriendo (el arquetipo del asceta). Hay quien se hace destino con ellos y quien los mantiene a distancia. El deseo va siempre a la caza de su consumación, por lo que las almas de los primeros van al encuentro, sin saberlo, de la muerte. Los segundos buscan lo imperecedero y se les reprocha su frialdad, sus verdades tan poco afectivas; ¿puede haber calor en esa emoción fría?

La segunda llave de la libertad es la conversación (o el diálogo). Se trata del modo en que respondemos a la circunstancia. Símbolo de la reconciliación y el comercio, el diálogo es siempre superior al monólogo. La libertad tiene poco que ver con hacer lo que uno quiere, con el cumplimiento de los propios deseos. Lo que uno quiere viene de lejos y, de hecho, uno no ha elegido quererlo.

Quien crea que alguien puede otorgar la libertad se equivoca. Tanto el ocioso como el atareado tienen margen para la libertad. Nadie puede dar la libertad porque la libertad no viene de fuera, sino que es un asunto interno: la libertad hay que tomársela. Se trata de una gimnasia cotidiana, de una cultura mental, posible en cualquier circunstancia, por extrema que sea. Se puede ser libre en una cárcel y prisionero en un palacio. De hecho, es la circunstancia la que hace posible la libertad, la que plantea su posibilidad. El aire y el vuelo de los pájaros.

En el cuento de Cortázar «Instrucciones para John Howell», el protagonista (que no sabe quién es) asiste a una obra de teatro. Al principio no entiende nada, pero se consuela pensando: «Ya se sabe, en el arte de hoy todo es símbolo». Pues bien, vivimos inmersos en un laberinto de símbolos. El nihilista moderno encuentra todos los símbolos vacíos y camina en un desierto. El creyente acérrimo ve símbolos (y significados) por doquier: en el encuentro casual, en el sueño, en los posos del café. Ambas actitudes acaban teniendo un efecto devastador en la mente. La influencia del símbolo crece en detrimento de la percepción y acaba por dejar exhausta a la mente: uno ya no ve las cosas, sino sólo aquello que representan. Hay una tendencia maníaca al simbolismo, y cuando todo es símbolo, nada lo es.

¿Qué es eso que reconoce en mí lo que hago, pienso y siento? Saberse ser pone de manifiesto un hecho inapelable: la inmediatez de la conciencia. La conciencia es ese reducto de luminosidad sin el cual nadie tendría la sensación de existir. Una sensación perseverante como un corazón que late y late, un vigía presente en todos nuestros empeños, aunque no lo tengamos en cuenta. Frente a ese hecho, el conocimiento de las ciencias, con su distinción entre sujeto y objeto, palidece, se convierte en uno de los modos de la ignorancia. Lo uno se hace dos, y ese desdoblamiento entre la mente que percibe y un objeto externo crea un mundo de apariencias, pues la conciencia no es algo que pueda desdoblarse. De ahí que a veces se la considere el mediador de toda percepción, deseo o conocimiento, el *factor* que reúne lo que nunca debió separarse. Mientras la persona no vea más allá de la dualidad, no superará su naturaleza animal.

La conciencia tiene al menos tres formas conocidas y una aventurada. La primera es la conciencia despierta de la vigilia, inmersa en el sueño de la sensibilidad, que es la ilusión del sujeto y el objeto antes aludida. La segunda es la conciencia onírica, inmersa en el torrente de las imágenes que sortean el espacio, el tiempo y la identidad (fundamentales para la vigilia). La tercera es la conciencia del sueño profundo (carente de imágenes), que tiene algo de auspicioso, pues recrea el estado original previo a la creación del mundo. Hay una cuarta, aventurada, que los hindúes llaman *mokṣa*: la conciencia individual, que no es tal, sino que se identifica con la conciencia cósmica.

La conciencia es realidad innegable e inapelable. Innegable porque, al negarla, es la misma conciencia la que niega y sin ella nadie podría negarse ni siquiera a sí mismo. Inapelable porque para saber de ella no hace falta ningún medio de conocimiento. Es aquello que está detrás de los medios de conocimiento, el fundamento de la percepción, la lógica o el testimonio verbal. De ahí que sea tan difícil de describir.

La breve vida de Śaṃkara transcurrió en la India del siglo VIII. Fue un brillante divulgador de ideas acerca de la naturaleza de la conciencia. Una de sus biografías canónicas narra un singular episodio. Un día el sabio bebía de una fuente cuando se le acercó un brahmán que traía a su hijo cogido del brazo. El niño parecía idiota. «No juega ni va a la escuela, está todo el día callado», le dijo el padre. Śaṃkara sonrió al muchacho y levantó las cejas. El niño sonrió a su vez y, para sorpresa de todos, recitó en impecable sánscrito: «No soy ni hombre, ni dios ni espíritu, / ni sacerdote, ni guerrero, ni comerciante ni paria, / ni estudiante, ni padre de familia, ni eremita ni renunciante. / Únicamente soy el conocimiento que se conoce a sí mismo». *El conocimiento que se conoce a sí mismo*: el verso es deliberadamente ambiguo. Sobre este retruécano erige Śaṃkara su escuela de pensamiento. ¿Cómo entender la frase si la inteligibilidad se funda en la distinción entre conocedor y conocimiento? Lo primero es advertir que ese conocimiento no es un conocimiento *de* algo, pues la conciencia no puede ser objeto de conocimiento. Lo que llamamos *conocimiento de la conciencia* es la misma conciencia, dado que en ella se disuelve la distinción entre el conocedor, lo conocido y el conocimiento. Los dos primeros se funden en el tercero, y en este punto ya no hay sujeto ni objeto, sólo saberse ser. Todo lo demás es ilusorio.

Ese conocimiento no es externo a nosotros, con toda nuestra carga de irrealidad y convencionalidad, y no depende de nosotros alcanzarlo. La razón es sencilla: no es posible lograr lo que ya se tiene. Omnipresente como el espacio, siempre nos acompaña, siempre está al alcance de la mano. Ciertos hábitos de la mente ayudan a purificar esa entidad irreal que se identifica con el cuerpo, pero en nada afectan a la conciencia (no la despiertan porque siempre ha estado despierta). La epifanía, si se produce, poco tiene que ver con el empeño o la intencionalidad; es algo tan natural como la transformación de la leche en yogur. Pues el puro fulgor de la conciencia carece de intenciones o de voluntad: es la visión espontánea que contempla el acto mismo de ver, de oír o de tocar. Un hecho que ocurre entre los bastidores de la percepción, un invisible *saber que se ve*.

Eso eres tú. Hay cierto ensimismamiento en el hombre, una inclinación natural al conocimiento de sí. Y la sospecha de que ese conocimiento del núcleo individual llevará al conocimiento del todo. Sócrates expresó lo que ya era sabido en el chamanismo de Grecia y de Asia central. Una serie de técnicas arcaicas del éxtasis se habían desarrollado alentadas por la convicción de que en el cogollo de la persona, oculta entre las hojas de los deseos, las inclinaciones y todo aquello que en la vida es inercia, hay una joya. Ese tesoro podía verse como un principio trascendente (origen y fin del cosmos) o como un principio inmanente (que animaba a los seres desde dentro): una luminosidad interior oscurecida por los apremios del deseo; una linterna que iluminaba la percepción en la vigilia, la proyección de imágenes del sueño y el gozo concentrado del sueño profundo.

Paradójicamente, desentrañar esa joya no es posible, porque los seres están ya liberados, aunque se obstinen en mantener la ficción creada por sus mentes. La liberación no es para Śaṃkara tanto un hacer como un dejar de hacer. Un detenerse, un apagar ese proyector de imágenes que es la mente, nutrida por las inclinaciones, los deseos y las obsesiones que hemos ido acumulando a lo largo de la vida. La liberación no es la consecución de algo, no es un logro ni una conquista. Con ella no sucede nada, pero, al mismo tiempo, todo cambia. Liberación es desidentificación, desprendimiento, ascesis del pensamiento. Un poner entre paréntesis los hábitos cognitivos e ir desembarazándose de mortajas que se creían piel. Desmontar la identidad, pozo sin fondo de vanidades, que se ve a sí misma *frente* al mundo, separada de él, sin acabar de entender la participación radical expresada en la fórmula *tú eres eso*. Entonces nada resulta ajeno: «Sólo aquel que contemple el mundo como algo distinto de sí –dice Śaṃkara– tendrá deseo de algo distinto, y ésa es precisamente la naturaleza del hombre que desea». Así pues, la tarea es purificar la mente para facilitar la *aparición* de ese conocimiento. Una aparición impersonal, que carece de agente y surge de manera espontánea cuando se retiran los obstáculos, cuando cesan las proyecciones mentales. Un yo que deja de ser yo y pasa a incorporar el universo entero.

Cuando vemos un palo sumergido en el agua o un trampantojo, suponemos una quebradura o una ventana inexistentes, pero no es la percepción la que nos engaña; nos engaña la mente. Ella es la que saca conclusiones. A menudo nos encontramos a merced de inclinaciones suscitadas por la experiencia sensible (sobre todo la relacionada con el tacto, el gusto o la visión), pero esa dependencia es mental, por lo que no es legítimo atribuirla a la sensibilidad misma.

La sensibilidad tiene un valor genuino y una luminosidad inherente. Si somos capaces de detenernos en el andamiaje de la percepción, dice Śaṃkara, podremos percibir a *aquel que ve*. Ello es gracias a la fulguración inmanente, constitutiva de la percepción, que crea la tensión esencial que subyace a la experiencia subjetiva. Esto es lo que Śaṃkara llama *conocimiento no dual* y corresponde a la relación misma, una relación reflexiva («el conocimiento que se conoce a sí mismo») en el seno de la unidad, pero que *se le aparece* a la mente como si fuera de carácter dual, vértice del ángulo que enlaza sujeto y objeto. Los amantes no son reales, sólo es real el lazo que los une.

La fantasmagoría universal tiene grados: vigilia, sueño, sueño profundo. Vivimos inmersos en ella. El juego de las identificaciones tiene también sus exigencias (propiedades, familia, obra, cuerpo, deseos, dudas), pero no todas son igualmente *saludables*. Sería un error creer que la conciencia está en el sujeto. La conciencia es trascendental en el sentido kantiano, se encuentra en un ámbito entre el sujeto y el objeto, es la mediadora que conforma a ambos. La conciencia sería entonces no tanto una capacidad interna del sujeto (o del objeto) como algo que, por así decir, se encuentra *en el aire* y el sujeto debe atrapar para utilizarlo con el fin de ver, oír o reflexionar. De ahí la dificultad de crear en determinados ambientes, de ahí la necesidad de la inspiración del paisaje.

Un principio de seducción rige el mundo. Los fenómenos parecen ser una maniobra necesaria de distracción, como ocurre con el lenguaje (Borges veía en la metáfora una distracción ocular). ¿Es posible desovillar esa madeja? Hemos visto que lo no dual no puede ser objeto de conocimiento, pues es la base de todo conocimiento. También hemos visto que atender al andamiaje de la percepción es conectar esos dos mundos, descubrir una tensión esencial, no entre los opuestos, sino entre los opuestos y aquello que carece de opuestos. Un modo de detener el interminable trasiego de la dualidad, el magnetismo cíclico de la polaridad. La oscilación del deseo, ser esto y querer ser lo otro, es el péndulo que cronometra la vida y la agota. Ésa es la naturaleza secreta (dolorosa) del placer: inquietud y zozobra.

- El triángulo clásico del conocimiento tiene en su base el sujeto y el objeto (el perceptor y lo percibido), y en su vértice superior, mediando entre ambos, la percepción (esencialmente asociativa). Ese vértice no es la razón. Hay tantas razones como pueblos. La razón es importante porque mejora los argumentos y refuerza la persuasión, pero toda lógica es al fin y a la postre retórica. Śaṃkara veía en ese vértice el *mediador*, el fundamento anterior a la escisión entre sujeto y objeto, el *fondo común* que hace posible ver y conocer. Si vemos la figura del árbol u oímos el rumor de sus hojas (también si olemos la fragancia de su flor o saboreamos su fruto) es gracias a ese origen común que trasciende sujeto y objeto.

Vivimos en el mundo, y percibir las diferencias es indispensable para nuestra supervivencia. Pero todas esas distinciones operan sobre un trasfondo de unidad. La unidad original no puede ser dicha, vista, pensada o tocada, pero sí atisbarse a través de las rendijas de la percepción (del arte), en el andamiaje mismo del ver o del escuchar. En este punto nos ayuda el símil del espectador de una obra de teatro: sufre con el héroe, se alegra de sus triunfos y le duelen sus derrotas, pero sabe que no es él. Lo mismo ocurre con el yo. No somos realmente ese yo que sufre o se deleita. Eso no significa que no seamos nada en absoluto. Nuestro yo convencional conserva visos de realidad, pero el genuino habita entre los bastidores de la percepción. De ahí el efecto liberador y catártico de la atención, de la experiencia del arte, pues con ella se purifican las emociones, se hacen menos *mías*, se hacen más *tuyas (eso eres tú)*. Y se insiste en que para romper esa atadura basta con abandonar las falsas identificaciones. Entre ellas, considerar corpóreo lo incorpóreo. La inmaterialidad es la condición natural del hombre: nunca hemos dejado de ser incorpóreos.

Māyā, con su juego de luces y sombras, encandila al público. Las peripecias de la existencia, los logros y los fracasos, nos entretienen y ocupan, nos atrapan y desesperan. Y, como en el arte, hay verdad en todas esas mentiras. El mundo nunca fue creado, el cosmos es una ficción, una representación para deleite de la conciencia, y, sin embargo, la incertidumbre del desenlace nos inquieta, nos acelera el pulso, desata nuestros temores. La irrealidad de la serpiente (era una cuerda) produce la *aparente* realidad de emociones ciertas. Sobre esas emociones se cierne esta filosofía terapéutica.

El espectáculo tiene algo de dantesco: el mundo como sueño de almas encarnadas que son ignorantes de su libertad esencial. En última instancia, esa ignorancia no es real, carece de consistencia, y, sin embargo, tiene un poder creativo y fecundo. Pese a la maniobra de distracción que es el mundo, hay algo real en la percepción. Las imágenes son falsas, no así la conciencia que las advierte. Hay aquí una singularidad epistemológica y otra mística. En primer lugar, el conocimiento no es algo que el sujeto incorpore, sino más bien algo en lo que se subsume. En segundo lugar, no hay un amor (del sujeto) que atestigüe la existencia del amado, sino que el sujeto que ama, el objeto de ese amor y el propio amor son una y la misma cosa, «el amor que mueve el Sol y las demás estrellas».

Pitágoras tuvo un presentimiento que después confirmaría Platón (pitagórico no sólo en su juventud sino, en cierto sentido, a lo largo de toda su vida): la existencia de unas leyes eternas e invariables que rigen el destino del mundo. Todo en el mundo cambia y se transforma, excepto esas leyes. Una idea que llegará hasta la física moderna. Recientemente algunos filósofos la han puesto en duda, pese a su gran arraigo en el pensamiento occidental, sugiriendo que, desde un evolucionismo estricto, esas leyes también deberían cambiar. La lógica del razonamiento es sencilla: si el universo no es un disco rayado sino un proceso continuo de transformación, entonces una ley eterna será necesariamente exterior al universo mismo. Semejante supuesto resulta incompatible con la genuina evolución. En vez de hablar de leyes, sería mejor hacerlo de hábitos. El universo no se comporta como un mecanismo de funcionamiento invariable, sino como un organismo vivo, como un gran animal que tiene sus costumbres. Esos hábitos funcionan localmente como leyes, pues se mantienen estables durante un tiempo, pero también evolucionan y cambian.

Este nuevo enfoque, todavía sin consolidar, cuenta con algunos aliados. Por un lado, la relatividad de Einstein ha convertido la materia en un haz de acontecimientos; por otro, como decía Russell, de un tiempo a esta parte la física cuántica viene haciendo la materia menos material. Nietzsche se equivocó, llevado por el espejismo matemático: los acontecimientos pueden repetirse, pero no eternamente, sino que cambian, evolucionando o involucionando como si estuvieran vivos. Los hábitos son surcos, caminos del espacio y el tiempo, cuesta salir de sus zanjas, pero siempre existe esa posibilidad. Whitehead refrendaría esta nueva visión sosteniendo que la realidad está constituida por percepciones (en lugar de por sustancias, ya sean químicas o metafísicas), ofreciendo así una cosmovisión que se acerca a la filosofía de la percepción de la que venimos hablando en este libro. El mundo pasa a ser una red de percepciones interrelacionadas, de modo que nuestros pensamientos y atenciones afectan al destino del mundo. Lo real es pura experiencia, y hasta los electrones experimentan.

La naturaleza se parece más a un animal que a una máquina, está más cerca del arte que del álgebra. Su lenguaje es el de la creatividad; su evolución no es automática sino espontánea, inesperada. La libertad no sólo es posible, sino que el mundo es la invención de la libertad. La percepción de lo vivo no pertenece tanto a la inteligencia como a la intuición, que es una inteligencia de la vida tan racional como aquella que calcula y mide, que programa y predice. Aunque rara, y en general despreciada en el mundo contemporáneo, esta visión no es nueva. Se barajó en la Hélade y se defendió durante el Renacimiento y el Romanticismo. Si algo enseña la lógica es a desconfiar de ella misma.

El mundo en que vivimos es más un mundo de vivencias que de cuerpos, de ambientes espirituales que de paisajes. El ser vivo que piensa, siente y padece es el centro del universo. Ésa es la geometría, extraordinariamente compleja, de nuestro mundo. El yo que siente no es algo incorporado al mundo de los fenómenos, sino su propio centro. Una perspectiva singular y única del universo, como diría Leibniz, más o menos luminosa, más o menos ofuscada, que se expresa en semblantes y actitudes. La experiencia de esa perspectiva puede llamarse *originaria*, pues el origen está siempre presente en la vivencia, tal es su singularidad. Y la empatía es precisamente el reconocimiento y la aceptación de lo originario que hay en la vivencia ajena.

Si recuerdo un momento del pasado en el que fui feliz, ese recuerdo es originario en cuanto presentificación de algo que ahora se cumple, pero su contenido (la felicidad que sentí) no lo es. La no originariedad del ahora remite a la originariedad de entonces. En esa mirada retrospectiva, el yo de ahora y el yo de entonces están frente a frente, como sujeto y objeto; no hay coincidencia entre ambos, aunque compartan una supuesta identidad. De ahí que el recuerdo revista siempre un carácter de duda o sospecha, nunca un carácter de ser. Y lo mismo puede decirse de la espera o la fantasía. Cuando fantaseo no encuentro ninguna distancia temporal entre el yo que fantasea y el yo fantástico, pero el yo que crea el mundo de la fantasía es originario, mientras que el yo que vive en él no lo es. Todo ello confirma la idea de Bergson de que el genuino presente no alude a un ahora del tiempo objetivo, sino a un ahora vivenciado.

Se trata de un detenerse en el hecho de estar vivo, de respirar, de ver este árbol o aquella nube, de contemplar el cielo azul o escuchar una vieja melodía. Todas estas cosas pasan a veces desapercibidas (y ciertamente en ocasiones es necesario el automatismo), pero siempre se puede atender a la percepción, saberse y saborearse. Es posible *vivir* la contemplación. No es tanto observar minuciosamente como observar la observación, ser conscientes de ella.

Cuando hacemos esto, cuando cobramos conciencia de nuestras percepciones, ese *vivir* la percepción ocurre, según una antigua filosofía india, fuera del espacio y el tiempo. Suena extraño, pero no lo es tanto, quizá lo sepamos sin saberlo. Novalis apuntaba en esa dirección cuando afirmó que el hombre era ese animal que vivía simultáneamente dentro y fuera de la naturaleza. Ese saberse viendo o escuchando se da en el origen. Es presente y es origen. Ése es el poder (genuino, inalienable) de la persona singular: llevar en sí un vestigio del origen. Una linterna interior, a menudo olvidada, alumbra sus pasos. Nada ni nadie podrá arrebatarle esa luz. Ése es también el gran enigma que la persona es para sí. Nada ni nadie podrá resolverlo. Sólo puede vivirse, y entonces el mundo, con todas sus angustias y temores, con todas sus catástrofes y crímenes, parece detenerse..

Un francés proporcionó la coartada: supuso que cuerpo y espíritu eran sustancias independientes. Esto no quería decir sino que ambos existían por sí mismos y no necesitaban del otro. Se rompía así con dos milenios de una filosofía en la que el *noûs*, o «espíritu», era materia sutil. Este desafortunado planteamiento es el origen de la querella. La independencia asignada a lo corpóreo hizo del mundo material un mundo desprovisto de valores (los valores pertenecían a otro mundo, independiente, que no necesitaba de éste para existir). Con este enfoque y la ayuda de algunas hipótesis de Newton, surgió el mecanicismo: la interpretación de los fenómenos mediante el movimiento y la interacción de corpúsculos materiales. El mundo lo explicaban los choques. La estética protestante participó en el despropósito, y porciones de materia fiscalizadas por un espacio y un tiempo absolutos, regidas por leyes inexorables (la aportación calvinista), pasaron a configurar las piezas del reloj de la naturaleza. Los viejos tiempos de la sensualidad meridional habían quedado atrás. El norte de Europa hizo prevalecer sus valores. Había nacido la ciencia moderna. Para filósofos y humanistas quedaba el mundo independiente de los espíritus, cuyas leyes dejaron de interesar a la ciencia y cuya importancia fue reducida a un epifenómeno de interacciones químicas moralmente neutras. La ausencia de valores en lo material desembocaría en el desdén de la ciencia por las cuestiones artísticas o morales. El arte era, para la mentalidad científica, una frivolidad, un divertimento burgués fruto de las comodidades logradas por la revolución tecnológica. Las ciencias abandonaron las humanidades por la ingeniería.

Todo ello tendría consecuencias. El dominio de la cosmovisión científica anglosajona produjo una degradación del gusto, una decadencia de la atención y la percepción, además del olvido generalizado de la representación. La educación sentimental y la posibilidad de profundizar en las emociones que proporciona el arte quedaron desterradas de los ámbitos dominantes del conocimiento. Las ciencias se dedicaron a partir de entonces a buscar la realidad detrás del escenario, arruinando cualquier tipo de diversión o recreación.

La universalidad de las leyes redunda en la desvalorización de la idiosincrasia local. La localidad de los dioses, principio fundamental de las humanidades, quedaba en entredicho. Frente al poder del mecanismo, la relación de un ser vivo con su ambiente pasaba a ser secundaria. Las consecuencias medioambientales no se hicieron esperar. Ese aislamiento tiene su contrapartida metodológica. La especialización del saber contribuye a la acumulación de conocimientos dentro de límites cada vez más estrechos. La ceguera del especialista, su incapacidad de ver más allá de su ámbito de competencia, infecta todos los campos del saber. El conocimiento efectivo del matemático o del magistrado produce espíritus opacos, ensimismados, encerrados en sus celdas y hábitos escolásticos. Así se reproducen en el mundo moderno los viejos celibatos.

Lo desastroso no es únicamente la pérdida del equilibrio emocional del especialista, por lo común desgraciado o deprimido, sino la falta de visión. Las consecuencias han sido nefastas para la educación, más pendiente de lo mecánico que de lo orgánico, de inculcar formulaciones abstractas que de fomentar hábitos de la sensibilidad. «El profesionalismo moderno es la preparación de los espíritus para que se adapten a la metodología», afirmaba Whitehead. Por supuesto, siempre habrá quienes se sientan cómodos en la cárcel metodológica, naturalezas sumisas que se encontrarían perdidas fuera de ella, pero la rutina en el interior de esos muros endurece el espíritu y deshumaniza la ciencia. Es el precio que hay que pagar por el éxito de la metodología científica, que justifica su intolerancia en la necesidad de fijar su atención en un conjunto restringido de fenómenos. Hay un acuerdo tácito para obviar que esos límites, tan efectivos y que tan buenos resultados han dado, constituyen en parte un prejuicio. Una razón encerrada en sí misma, que sólo atiende a un grupo particular de abstracciones, deviene irracional.

Que lo esencial de las cosas sólo se revela a los ojos del amante es idea antigua que remite a Sócrates. Fue moneda corriente de Agustín de Hipona, Leonardo da Vinci, Spinoza o Goethe. Este último dejó escrito que «sólo se aprende a conocer lo que se ama, y más pleno y profundo será el conocimiento cuanto más fuerte, vigoroso y viviente sea el amor». Max Scheler lamentaba la manía moderna de excluir las emociones del conocimiento. La idea de que el amor ciega, tan burguesa y cobarde, era a juicio de Scheler la gran enfermedad de sus contemporáneos. Hay amores que matan, pero los hay más templados, como la amistad, que permiten el juego del conocimiento. Aquí no importan las filiaciones (si el amor es hijo del conocimiento o a la inversa), sino la mutua fecundación. La erótica de la transmisión.

El amor y su contraparte, el odio, eran para Empédocles y Dante las fuerzas que movían el mundo. Pero el modelo clásico, espalda y fundamento del nudo entre amor y conocimiento, se encuentra en la instrucción que Diotima ofrece a Sócrates. En *El banquete* se dice que el amor es el principio creativo que engendra formas y figuras. Esa génesis se produce a diferentes niveles, desde la concepción animal hasta la artística o filosófica. El amor que engendra a la bestia también engendra el cuadro o el concepto. La consecuencia de todo ello es una jerarquía en los modos de creación. Una jerarquía que, de hecho, es una escala que el filósofo debe ascender si quiere acceder al amor supremo: el amor por las ideas. El amor es así el impulso que lleva del conocimiento imperfecto al conocimiento perfecto. De lo que se deduce que la Idea suprema (la Idea de Bien) es sólo objeto de amor, sin que ella misma ame. Una noción que retomará Spinoza cuando afirme que esperar que Dios corresponda a nuestro amor sería pedir peras al olmo. Sea como fuere, lo que nos interesa aquí es que en todos estos casos el amor es el movimiento del no ser al ser.

No así en el budismo. En el budismo, amor y conocimiento se asocian para llevar a cabo un ejercicio de desrealización, un desmontaje. Uno de sus ejes es la idea del *sāṃkhya* de que el conocimiento pasa por contemplar los propios deseos, pensamientos y emociones como si pertenecieran a otro, como si fuera otro el que los experimenta. Una idea que se repite en algunos pasajes de la *Bhagavadgītā*. La acción del hombre transcurre independientemente de su verdadero ser, y el auténtico conocimiento consiste en considerar dichas acciones como parte del mundo natural, mientras que el verdadero yo se encuentra fuera de éste. El sabio sabe que no es él el que hace las cosas, aunque lo parezca. La idea forma parte de numerosas tradiciones iniciáticas. Un ejercicio recurrente es el de observar nuestras sensaciones como si en realidad pertenecieran a otro. Se trata de una estrategia que permite contemplar la vida emocional desde un punto de vista más elevado, menos implicado. Cada goce y cada pena parecen otros si se los considera desde esta nueva perspectiva. El quietismo interior alcanzado despierta energías que hasta ese momento habían permanecido dormidas. La fuerza creativa resultante de la no identificación con las propias emociones se utilizará con fines gnoseológicos; por ejemplo, en la clarividencia o en la regresión a existencias pasadas, modos de superar, literalmente, el propio carácter e identidad, la personalidad del alma.

El budismo entronca así con antiguas tradiciones sapienciales. Su vía hacia el despertar supone un alejamiento de sí, un desmontaje del individuo: la vivencia paradójica de ser un *no yo*. El individuo no es ya principio autónomo, espiritual y personal, sino sólo cuerpo y deseos diversos, impersonales y vacíos. Aquí el amor, la identificación afectiva, es inseparable del discernimiento. Amor y conocimiento son aspectos complementarios de un mismo camino, las dos alas que hacen posible el vuelo del *bodhisattva*. Ninguno de los dos es meta, ambos son camino. ¿Hacia dónde? No está claro. Para algunos, hacia la inmersión en la plenitud del vacío; para otros, hacia el interminable compromiso con la erradicación del sufrimiento.

El sentido común de cada período histórico es una imagen del cosmos. La imagen de hoy ha perdido unidad y se mueve entre lo fragmentario y lo abstracto. La consecuencia de ello es la inestabilidad emocional de las sociedades modernas, que se balancean entre el orgullo y la desesperación. Hay quienes caen en cierta divinización estoica y quienes se dejan arrastrar por cierta desesperación epicúrea. Los primeros no soportan a ningún ser por encima de ellos y desdeñan lo divino; los segundos disfrutan del goce artístico y se ven a sí mismos como animales sofisticados. En cierto sentido, ambos grupos han perdido oído para la trascendencia. Los científicos suelen ser estoicos: para ellos, la ciencia es la única salvación. Los profesionales de las humanidades son más refinados: no saben ser inocentes y prefieren guiarse por la razón cínica. Cada vez cuesta más asumir la disposición del que no sabe. Desdeñan la inocencia, esa fuerza de la naturaleza, y se contentan con ingenios que no calientan el corazón. ¿Quién no se ha topado con uno de esos pedantes a los que nada sorprende?

Cualquiera puede ser bestia o ángel, pero no tiene por qué aspirar a ninguna de las dos cosas. El conocimiento es finito, pero navega en un entendimiento infinito (no en un azar accidentado). Ése es el principal presupuesto de las ciencias. La persona es, además, teatro. Teatro de la batalla entre lo que ata y lo que libera. Hay demasiados callejones sin salida y pozos sin fondo como para salirse por la tangente con una sonrisa cínica. La vida va en serio. A este respecto, el budismo es optimista: la condición humana es afortunada. Es una suerte estar en este mundo como hombre y no como dios o como bestia. No conviene desaprovechar la oportunidad ni desertar de nuestra condición (ni hacia arriba, ni hacia abajo). No ser ángeles nos permite apreciar la realidad del sufrimiento, cuya medicina es única: el conocimiento. La angustia debe entenderse para poder desembarazarse de aquello que la produce (las dos primeras verdades budistas). Lo siguiente será liquidarla y cultivar la mente. De nada sirve buscar consuelo en fantasías metafísicas. Nada puede esperarse del que obedece al miedo. Estamos absorbidos por un sueño y la premura de sus exigencias nos esclaviza. Ese anhelo se cristaliza en angustia. Es la ansiedad de no saber adónde vamos. Como decía Novalis: «Estamos próximos al despertar cuando soñamos que soñamos». El despertar no se concibe como una meta distante, sino que está aquí mismo, desarrollándose en *tu* mente. Uno de los requisitos será despojarse de los resabios de lo verbal y de las manías del cabalista, atravesar el traicionero océano de las palabras. Otro, abandonar el trágico hábito de la personalidad.

II
MITO

Es mito y es filosofía. Es una explicación del origen del mundo y su evolución, pero sus protagonistas no son héroes o dioses, sino conceptos. Fue creado en la antigua India, seguramente por brahmanes, en diálogo con los primeros budistas. En el origen, cíclico y sin comienzo, hubo (hay) dos principios. No eran (son) el bien y el mal, tampoco la luz y la oscuridad (el universo no es una pugna moral), sino el observador y la creación. Ambos complementarios, ambos necesitados uno de otro. Él no tendría nada que ver sin ella, ella no tendría quien la mirara sin él. Ambos son convocados para la re-creación del mundo.

Esos dos principios podrían llamarse *conciencia original* y *naturaleza creativa*. Ambos son estables, no están sujetos al surgimiento ni a la desaparición. Coexisten eternamente. Son lo que los antiguos filósofos denominaban *sustancias*: esas cosas que no necesitan de otras para existir. Esto significa que no dependen como nosotros del aire, del alimento o de la amistad, ni siquiera de las condiciones espaciales y temporales del cosmos, sino más bien al contrario: el espacio y el tiempo son resultado de su copresencia. El universo se despliega y se repliega llevado por el juego que ellos se traen entre manos. La naturaleza pone en escena toda su fuerza creativa mientras la conciencia contempla la representación. La naturaleza es el objeto de una conciencia que sin ella carecería de contenido.

El primer efecto de ese juego continuo de seducciones es la inteligencia. Ésta, que no carece de aspectos gnoseológicos, para desarrollarlos se fabrica un yo, un sentido de la identidad, un alma. Advirtamos la originalidad del planteamiento: la inteligencia no es una potencia del yo, sino que éste lo es de aquélla. Tampoco es una entidad metafísica de ordenación del cosmos, sino el resultado de una relación recreativa. No hay un plan *(logos)*, pero sí creatividad. La identidad, el sentido del yo, es consecuencia del desdoblamiento de la inteligibilidad, que necesita de entidades sobre las que predicar que no sean ellas mismas predicados.

El yo, o, en general, el sentido de la identidad, es un vehículo que asimila el pensamiento de otro (en este caso, la *inteligibilidad*, donde se refleja la luz de la conciencia original) y su presunta acción (la del yo); es en sí teatro y no fuente. He aquí una de las ideas más originales de la historia del pensamiento: la inspiración (la fuente) es la conciencia, que se halla fuera del espacio y el tiempo, y el individuo es su teatro. De ambos, del intelecto y del sentido de la identidad, surgirá la mente, con capacidad para la acción y para la sensación, y nacerá así lo subjetivo. No pensamos, nos piensa la inteligencia.

La naturaleza creativa produce la diversidad del cosmos, que evoluciona bajo el signo de la seducción. Toda esa diversidad se encuentra constituida por *tres colores* que son al mismo tiempo tres temperamentos o humores: uno contemplativo (pura serenidad), otro activo (pura inquietud) y un último pasivo (pura inercia), que a su vez están asociados al placer, al dolor y a la indiferencia respectivamente. Estos tres factores guían las transformaciones del mundo natural, que es un mundo de sensaciones. La satisfacción, la frustración y la confusión, los *tres colores*, determinan el rumbo del cosmos y los diferentes estados de ánimo que experimentan los seres. La metamorfosis de la materia se explica mediante este proceso tripartito: ordenación, actividad y objetivación. Desde un punto de vista subjetivo, estas tres funciones se traducen en los estados emocionales de la claridad, la inquietud y la confusión respectivamente. La actividad del mundo no es sino el discernimiento en busca de la claridad, la inquietud del deseo en busca de su satisfacción y la confusión en busca del reposo.

Curioso materialismo. La mente y sus intenciones, el pensamiento y sus ideas, las sensaciones, las esperanzas y los temores, el placer y la observación, la inteligencia y la reflexión no se diferencian esencialmente de otros estados opacos y tortuosos, de lo inerte e inactivo, de lo ineficaz e impotente, aunque éstos se encuentren en peldaños inferiores del proceso evolutivo. La distinción convencional entre lo subjetivo y lo objetivo obedece a diferencias evolutivas y no esenciales o de raíz. Todas las cosas creadas resultan de algún tipo de combinación de estos *tres colores*, desde el mineral hasta el planeta, desde la más insignificante brizna de hierba hasta el más engolado de los dioses.

Ahora se contempla la necesidad de postular una conciencia original al margen de la materia. Esa conciencia original constituye la verdadera sede de las experiencias cognitivas y emocionales, ya que la materia se considera ciega, algo así como un puro mecanismo inconsciente. ¿Dónde se experimentan las sensaciones agradables o desagradables, placenteras o dolorosas, del día a día? Por extraño que parezca, esas emociones no las experimenta el sujeto empírico, que está constituido por esas mismas emociones, sino una entidad más allá de ellas: la conciencia original. De otro modo estaríamos ante un argumento circular, y la sensación no puede ser sujeto de la sensación.

Recapitulemos. Ya hemos aventurado la hipótesis de este libro: el mundo no está hecho de átomos o electrones, ni de cualquier otra sustancia física o química. El mundo está hecho de impresiones. Imaginemos ahora que fuera posible agrupar esas impresiones en tres clases: impresiones de luz, impresiones de oscuridad e impresiones de inquietud. Las cosas del mundo son una mezcla de las tres. En términos dinámicos, podríamos hablar de impresiones de quietud, impresiones inquietas e impresiones confusas. Imaginemos, además, que lo que comúnmente llamamos *espiritual* fuera material; lo privado, cósmico; el pensamiento, extensión. Ésa fue la propuesta de una antigua filosofía india. Se trata de un dualismo *peculiar*, porque es esa trinidad de elementos la que explica la evolución del mundo. Y detrás, como trasfondo de lo manifiesto, hay una conciencia sin contenido. O mejor, una conciencia cuyo contenido es el propio mundo, o mejor, las criaturas que en ese mundo piensan y sienten (es decir, todas), desde el ángel hasta el mineral, desde la galaxia hasta el electrón. ¿No es un mundo disparatado?

Claro que lo es. Pero, si observamos de cerca la propuesta, veremos que no es tan descabellada.

Dicha conciencia sin contenido, trasfondo de esa compleja red de impresiones que llamamos *mundo*, no es inteligente pero hace posible la inteligencia, no es perceptora pero hace posible la percepción. Es el verdadero sujeto que hay más allá del yo, el agente que piensa y siente, la voluntad de todo cuanto quiere y la fuente de cualquier forma de inteligencia. Esa conciencia, al contrario que el resto de las cosas, carece de los *tres colores*. No así el alma, que puede caer en el error de creer que sus experiencias le pertenecen y tener así la ilusión del placer o el dolor, de la dicha o la desdicha.

Para esta cosmovisión, las experiencias intelectuales, los sentimientos y las emociones, y, en general, todo aquello que hoy consideraríamos estrictamente privado, son consecuencia de la distribución de estos *tres colores* en cada uno de los seres y en sus ambientes. Ello crea la ilusión de que todas las experiencias que van teniendo a lo largo de la vida les pertenecen, les son *propias*.

Aunque la inercia de la ignorancia es poderosa, y la ilusión misma de los *tres colores* arrastra a los seres, hay razones para el optimismo. Los budistas fomentaron desde antiguo una cultura mental que insiste no sólo en el *nada me pertenece*, sino también en la exclusión del yo de la actividad de la conciencia. Todas las acciones, ya sean internas o externas (la determinación, el sentido de la identidad, la reflexión, la percepción, etcétera), quedan excluidas de la conciencia. El yo implica empeño o diligencia (yo me alimento, yo obsequio), y ningún empeño o diligencia puede pertenecer a la conciencia, que es por naturaleza inactiva. De ahí el *nada me pertenece*, pues sólo el que lleva a cabo la acción puede poseer algo. Posteriormente se insistirá en la idea de que esa ignorancia (la ilusión de los *tres colores*) es la que decanta la existencia y que nadie nace sin ella. Dicha ignorancia es consecuencia del sentido del yo, que se considera a sí mismo sujeto de la percepción, cuando en realidad lo es la conciencia original (el origen siempre presente del que ya hemos hablado y la experiencia originaria a la que aludían Edith Stein y otros fenomenólogos). La mente es mera intermediaria en este proceso, al tener la facultad de participar simultáneamente del objeto percibido *(prakṛti)* y del sujeto perceptor *(puruṣa)*. La mente es la única capaz de sintetizar la dualidad fundamental del cosmos.

Dice el sabio taoísta: «Sabio es aquel cuyo corazón anda siempre errante». La imaginación crea y observa al mismo tiempo. Por eso se parece tanto al enlace original. Es la fusión de la creación y la contemplación. De ese magnetismo entre lo creativo y lo contemplativo, entre naturaleza y observación, surge la imaginación, que es esencia de cuanto está vivo. La educación de la imaginación es la tarea primera y fundamental, tanto en la cueva del eremita como en el ágora de los ciudadanos. Ignoramos el porqué de la vida y el porqué de la muerte, pero sabemos que la vida es algo prestado, un puñado de polvo. La muerte y la vida son la noche y el día. Las transformaciones vienen y van, y entretanto nosotros las contemplamos. Se viaja con la mente mientras el cuerpo se queda en la habitación. Aguardamos los cambios como el paso de las estaciones. Acogemos la vida cuando viene, la dejamos ir cuando se va. Nada de llantos, no hay que temer las transformaciones. Conocer el límite del conocimiento es el saber supremo del Tao, el umbral de la alegría. La perfección es poder ser niño.

«Soy tan viejo como el Cielo y la Tierra. Nací cuando ellos nacieron. Formo una unidad con todos los seres y todas las cosas que existen en el universo», afirma Chuang Tse, que llama *hombres verdaderos* a los que saben distinguir qué es obra del Cielo y qué del hombre. Quién engendra y crea, y quién observa. Finita es la vida e infinito es el conocimiento. Lo fundamental es saber hasta dónde se puede saber. Quien lo hace vivirá hasta el final de sus días. El sabio no planifica su vida, ni se rebela contra la escasez, ni ansía el éxito, ni se hunde cuando se equivoca, ni se vuelve un engreído con el éxito. Siente, pero no se turba. Conoce como testigo. Se adapta a todo con el corazón ligero y acoge en su interior lo inevitable.

Al imaginar, como al soñar, se observa y se crea al mismo tiempo. De ahí que algunos hayan deducido que la experiencia del vivir es como un sueño. «Soñé que era una mariposa –dice Chuang Tse–. Desperté, me toqué y vi que era yo. ¿Soy yo el que soñó con la mariposa o es ella la que sueña conmigo?» Pero en el sueño la voluntad es arrastrada por antiguas inclinaciones, mientras que la vigilia nos ofrece la ilusión del dominio, el mito de la voluntad.

La conciencia no es una facultad que puedan ejercer o no los seres, sino el trasfondo mismo de su existencia, así como del espacio y el tiempo en el que viven. Cuando son conscientes de algo, los seres ejercen una actividad mental propia, combinación de tres órganos internos: lo inteligible, el sentido del yo y la mente, por orden de jerarquía. Desde esta perspectiva, la conciencia de la persona no es intencional, aunque crea serlo. Es conciencia refleja, aunque se sienta directa; carece de objeto, aunque afecte sensibilidad. Ésa es la ilusión de la aventura de la percepción.

La intencionalidad de la conciencia ha sido desde antiguo objeto de disputa. Los moralistas acostumbran a defender esa intencionalidad, mientras que quienes consideran la conciencia una cosa más entre las cosas, una actividad o un foco de actividades, la niegan. Esta filosofía rechaza ambos planteamientos. Por un lado, postula una conciencia al margen del espacio y el tiempo; por otro, asume sin cortapisas su falta de intencionalidad. Esa conciencia, trasfondo de lo manifiesto, es vacía y carece de contenido. Inactiva e independiente del mundo empírico, no es ni continente ni contenido, pero se *refleja* en dicho mundo empírico. Carece de temporalidad, espacialidad, historicidad, memoria y duración. No es posible definirla mediante categorías empíricas, pero se puede inferir su presencia como reverso de lo contingente: la materia es necesidad, la conciencia es libertad, y la persona puede encontrar el modo de reconciliarlas.

La conciencia se refleja en la naturaleza sin verse afectada por ella. Dicho reflejo hace posible lo que llamamos *experiencia consciente*. Una ilusión fecunda que hace parecer que la conciencia forma parte del mundo natural, cuando de hecho está más allá de éste. De ahí que se recurra a la metáfora del espejo. La Luna se refleja en el agua, y su imagen reflejada puede deformarse por el movimiento del agua, sin que ello afecte a la propia Luna. El agua, el espejo sucio o deformado, es la naturaleza, mientras que la Luna es la inmutable conciencia. Pero hay un contrarreflejo, un viaje de vuelta, cuyo reconocimiento resulta liberador.

Así pues, la conciencia es el testigo, un espectador inalterable y neutral. No juzga el mundo, se recrea en él. La naturaleza exhibe sus manifestaciones y la conciencia es la *persona* que las experimenta. Las relaciones entre naturaleza y espíritu confieren al universo un carácter amoroso: la unión de un principio masculino (la conciencia) y otro femenino (la creatividad de la naturaleza). Y dicha reciprocidad se explica mediante la alegoría del cojo y el ciego. El cojo no puede moverse, pero sí ver, mientras que el ciego puede andar, pero no ver. El cojo se sube a hombros del ciego y ambos recorren el camino. Así marcha el mundo. El cojo es la conciencia; el ciego, la naturaleza. De su asociación procede el mundo que conocemos. Esta reciprocidad crea la ilusión de que el espíritu se encuentra encadenado, pero no es así. Como ya se ha dicho, deshacer ese malentendido tiene un efecto liberador.

También explica esa relación la metáfora del cuarzo y la rosa. El cristal de cuarzo ilustra la transparencia esencial de la conciencia. Cuando se coloca frente a una rosa, adquiere su color sin que cambie de naturaleza o se vea afectado por la rojez. Dicha proximidad de la conciencia (inmutable) y la naturaleza (creativa), dicho *contacto*, hace posible la transferencia de los procesos mentales de la materia a la conciencia. Se crea de este modo la ilusión de que es la materia la que experimenta la conciencia, a pesar de ser esencialmente inconsciente. Es ese proceso de transferencia el que causa la impresión de que es nuestro ser material el sujeto de nuestra experiencia, cuando lo cierto es que esa experiencia se vive en el origen, fuera del espacio y el tiempo.

Spinoza y Leibniz trataron de incorporar la idea helénica de *orden* al mundo moderno, pero el auge de las matemáticas echó por tierra el proyecto. Me explico. El orden antiguo era, como hoy, disposición y arreglo, pero cada cosa tenía un lugar asignado. Cada ente poseía un estatus ontológico particular, de modo que el concepto de orden estaba asociado a una escala del ser. Para los antiguos, el orden no sólo era perfección (según Agustín de Hipona, era expresión de la bondad divina), sino que implicaba una jerarquía del ser.

El orden de la percepción de Berkeley conserva algunas de las viejas marcas del orden griego, pero en la modernidad el concepto sufrirá una profunda transformación. Fundamentalmente, porque perderá su carácter ontológico. El orden ha dejado de ser participación en un orden superior (el *logos*, o «entendimiento divino») para entenderse como una disposición entre una pluralidad de cosas ontológicamente equivalentes. El orden es ahora un arreglo geométrico o numérico, una secuencia o serie. Se ha perdido la vieja verticalidad del orden para asumir la horizontalidad y la uniformidad.

Pero todavía subsisten expresiones de un *orden del corazón*, de corte agustiniano, que se prolonga en el pensamiento de Pascal o en el de Scheler, donde inclinaciones y repugnancias (el mundo hecho de impresiones del que se ha hablado en las secciones precedentes) tratan de incorporarse al ambiente algebraico dominante. Con la revolución cuántica, el universo de las partículas muestra aspectos del mundo de los sueños o de las emociones. Consiste en un mundo en el que la sensibilidad es extrema y, paradójicamente, se interpreta a la luz de frías ecuaciones estadísticas. De ahí que aliente órdenes tan sutiles que se acercan al caos. Las partículas, como nosotros ante un presentimiento, se ven afectadas por sucesos de entornos lejanos. La onda cuántica lleva información potencialmente activa en todas partes. Como la voz de la conciencia o una advertencia divina. Las partículas son mucho más complejas y extrañas de lo que se pensaba, son todo menos *elementales*. Whitehead llegó a suponer que eran capaces de percibir: «Aunque una sociedad pueda analizarse mediante leyes estadísticas, de ello no se deduce la simplicidad de sus ciudadanos». Un orden desvinculado de las nociones newtonianas del espacio y el tiempo, asociado por el contrario a niveles de energía, estados cuánticos o simetrías, da cuenta de este nuevo mundo. Una tendencia que encuentra resonancias en el orden vital de Bergson y James, casi contemporáneo de órdenes existencialistas como el de la desesperación (Kierkegaard) o el del absurdo (Camus), asediados por el caos y la confusión. Resulta esclarecedor atender a la genealogía de estos órdenes *aleatorios*. Para la física newtoniana, el orden temporal era esencialmente un orden de cambio y transitoriedad, regido por leyes universales que, de algún modo, se sustraían a ese mismo orden y lo dirigían desde fuera, desde lo intemporal. Posteriormente se comprueba que esas mismas leyes sólo se cumplen en determinadas circunstancias, por lo que dejan de ser eternas y ubicuas. Se descubren *singularidades* en las que no se cumplen, e incluso hay quien sugiere que el universo pudo haber surgido de una singularidad. El origen siempre presente.

El diálogo entre órdenes viejos y nuevos es interminable, pero se da por zanjado debido a ciertos hábitos y costumbres de las ciencias. ¿Qué sería de las publicaciones científicas si hubiera que replantearse los antiguos problemas que la propia disciplina considera resueltos? Todo esto nos lleva a preguntarnos si el orden que observamos en la naturaleza tiene una realidad objetiva *ahí fuera* o es una proyección de nuestras mentes. ¿Muestran el diamante y el caracol un orden geométrico como lo hace la *Ética* de Spinoza? ¿Y qué decir de las simetrías que observamos en las variables que explican las partículas, o en la estructura de los mitos? ¿Y del orden de las novelas y las sinfonías? ¿Hasta qué punto estas simetrías y estos órdenes existen por sí mismos?
   Berkeley, el primer pensador moderno en esbozar una crítica consistente de las matemáticas, fue uno de los filósofos más perspicaces en la resistencia al dominio epistémico del que esta disciplina científica empezaba a gozar en el siglo XVIII. Le seguirán Goethe y Bergson, entre otros. La desconfianza hacia los modelos abstractos es tan antigua como el pensamiento, pero el auge de las matemáticas en los últimos trescientos años ha hecho que hoy en día el orden se conciba mayoritariamente como de carácter matemático. Un orden ciego y en muchos casos automático que, al menos en física, tiene la virtud de predecir el comportamiento de sistemas complejos. En general, no resulta difícil imponer un modelo geométrico o algebraico a fenómenos históricos, sociológicos, atmosféricos o radiactivos, y entonces se considera que dicho fenómeno sigue un orden. Cuando Aquiles ya ha alcanzado a la tortuga, las cosas se ponen más fáciles. Esa preponderancia de las matemáticas ha

dejado de lado en el dominio epistémico otros órdenes como el de la percepción (Berkeley) o el de los afectos (Spinoza), que no suponen la sumisión del fenómeno a un modelo abstracto y opaco, distante de algunos elementos esenciales de la vida: instinto, vislumbre o presentimiento.

No es de extrañar la pujanza que, en plena digestión del existencialismo, tuvieron las teorías del caos. El caos puede verse como la consecuencia lógica de los órdenes abstractos, o al menos de aquellos que son negligentes con la atención y las emociones, castigadas en el rincón del laboratorio epistémico. La extensión del orden plantea interesantes cuestiones. La primera de ellas podría formularse así: ¿desordena el infinito el orden? Como señalaron los físicos David Bohm y F. David Peat, no todos los órdenes de grado infinito son aleatorios. Un buen ejemplo de ello es el lenguaje común, cuyo potencial de significados es ilimitado y no puede determinarse mediante un grupo finito de diferencias (piénsese en la poesía o en la escritura automática que practicaban los surrealistas). Hay en este caso muchos niveles de orden: semántico, sintáctico, fonético, etcétera. Dentro del orden infinito de una novela, una película y una sinfonía, hay numerosos subórdenes: el párrafo y el capítulo, el plano y la escena, la melodía y el movimiento, y ninguno de ellos es independiente del orden total por encontrarse subsumido en el flujo continuo de la obra. Ese orden global se amplía cada vez que la obra es leída, vista o escuchada. La creación es siempre un asunto inconcluso. El lector, que también crea, sabe que *El lobo estepario* no es el mismo a los quince años que a los cincuenta, y lo mismo puede decirse de películas, cuadros o canciones: aunque estas narrativas sean infinitas, en modo alguno son aleatorias.

Pero el desorden puede asociarse también a las emociones. Una buena definición de *desorden* es decir que supone una decepción del espíritu. Cuando esperábamos encontrar algo con una determinada disposición y vemos que no se corresponde con ésta (por ejemplo, en la habitación de un hijo), generalmente hablamos de desorden. La percepción ordena sin que se lo pidamos. Y lo hace en función de experiencias de la propia biografía, de la vida misma, conforme a la percepción y los hábitos culturales. Delhi le parece un caos al europeo, pero para el nativo está perfectamente ordenada: las vacas en la calzada o las motocicletas con cinco pasajeros son a su juicio algo de lo más normal, que no decepciona ninguna experiencia previa. Si el orden es una sensación que se construye en función del pasado, de la vida vivida, entonces se trata de un orden vital que debería tener prioridad frente a cualquier otro tipo de orden, fundamentalmente frente a aquellos que son ciegos o abstractos. Ése es el orden sensible defendido por Berkeley y socavado por las visiones mecanicistas de Boyle y Newton, que siguen dominando la epistemología moderna. Órdenes vitales (de libertad) frente a órdenes automáticos: el viejo problema del libre albedrío y el determinismo.

¿Es el azar un orden desconocido? ¿Es todo encuentro casual una cita? La mecánica de fluidos ofrece un buen ejemplo de las relaciones entre lo implícito y lo manifiesto. Después de todo, desde Heráclito el río ha sido metáfora del devenir. El movimiento del agua se describe mediante una ecuación diferencial relativamente simple. Pero el discurrir del río encuentra obstáculos en su camino: bancos de arena, árboles, rocas y desfiladeros que crean turbulencias y remolinos, y entonces el fluido se convierte en un movimiento aparentemente caótico y sin un orden claro para el observador. La sencilla ecuación inicial se ha complicado. Pero nada puede asegurarnos que lo aleatorio no responda a un orden indetectado. Lo que sí constatamos es que de un orden simple se deriva un orden complejo y desconocido.

Cualquiera sabe que una vida sencilla puede complicarse hasta la locura, que un acontecimiento puntual puede desatar una conmoción global. Quién no ha oído hablar de la mariposa y el terremoto. En un sistema de este tipo, las ecuaciones que regulan su evolución son *no lineales*: no es posible descomponer el problema completo en problemas más sencillos, y el resultado no es predecible a partir de las condiciones iniciales. La linealidad proporciona suposiciones y aproximaciones que la no linealidad rechaza. No hay simplificación posible, porque los sistemas no lineales no son iguales a la suma de sus partes. Algunos sistemas no lineales tienen soluciones exactas o integrables, mientras que otros se comportan de modo caótico y, por tanto, son irresolubles (el ejemplo clásico son las olas gigantes). Se trata de sistemas que escapan al espectro general del orden y cuya irresolución se zanja etiquetándolos de caóticos. No debería extrañarnos: la ceguera algebraica desemboca en lo imprevisible.

De nuevo el orden de las partículas nos aleja del determinismo mecanicista. La abstracción mecanicista, para funcionar, necesita de sistemas aislados, gobernados dentro de un conjunto establecido de condiciones de partida. En el mundo subatómico, cada partícula se encuentra sometida a la influencia de otras partículas, que varía sin cesar y de forma enormemente compleja, lo que hace imposible la descripción determinista del sistema. La sensibilidad aquí es clave. El azar (lo aleatorio) se transmuta en necesidad vital. La vida, con su sensibilidad y su percepción asociadas, supone ya cierto orden (conocimiento), sin el cual carecería de sentido toda epistemología; sin embargo, de haber una ecuación que rigiera la vida mental, sería no lineal.

Las tradiciones herméticas exigen a los iniciados el cumplimiento de una doble ley: primero, no negar la luz del conocimiento a aquel que la pretenda; segundo, no dar a conocer su ciencia, bajo ninguna circunstancia, a quien no sea digno de ella. Esas dos leyes, dicen, aseguran las murallas del saber. ¿Cómo se hace uno digno de ser un iniciado en estas tradiciones herméticas? Pasando por una serie de pruebas. Aspiración y obediencia: nada muy distinto a las disciplinas científicas.

El teósofo y el místico, y en general todos los defensores de lo oculto, exponen el siguiente argumento: el camino que lleva a los mundos superiores está abierto para cuantos quieran seguirlo, del mismo modo que las verdades matemáticas lo están para quienes deseen aprenderlas. En ambos casos hace falta formación y tutelaje. Las afirmaciones del místico podrán entenderlas aquellos que hayan pasado por experiencias similares; de manera parecida, las deducciones del matemático serán comprendidas por aquellos que hayan sido preparados para seguirlas.

Pese a ello, hay quienes creen a los místicos y quienes creen a los matemáticos sin haber compartido ninguna de sus experiencias.

Esa creencia es más un hábito y una costumbre (local) que una certeza racional. Aquí no sirve apelar a la experiencia sensible, pues los mundos superiores son tan invisibles como la geometría de Riemann o el electrón. Por sus efectos los conoceréis, se dirá entonces. En defensa del místico se aducen su dicha y su serenidad (si es que las tiene); en defensa del matemático (en general, un desgraciado), el vuelo de las aeronaves o la sostenibilidad de los puentes. El místico esgrime la experiencia de sí; el matemático, el uso de cierto instrumento (conducir un coche o pilotar un avión no implica saber cómo funcionan).

Se suele creer o dejar de creer sin tomarse la molestia de recorrer los caminos que llevan a la certeza o al escepticismo. Si el místico pide al ciudadano de a pie que desenvuelva las fuerzas que laten en su interior para que le revelen lo oculto, lo normal es que sea ignorado. El ciudadano quiere una prueba (verlo volar, por ejemplo). La consecuencia de todo esto es que la mística requiere tanta fe como las matemáticas. Y que las gentes se decanten por aquélla o por éstas obedece más bien a una costumbre o a un hábito de la cultura mental que a una elección de la lógica. Las sociedades modernas prefieren los algoritmos matemáticos, por eso son tecnológicas; las indígenas, el vuelo del chamán.

Las obras de arte inconclusas se dividen entre las que fueron interrumpidas por la muerte, un rapto lírico, un viaje o la enfermedad, y las que deliberadamente se dejaron en suspenso (no valía la pena continuar, quedaba mejor así...). Donatello creyó haber inventado la técnica de lo *non finito*, imitada en *Los esclavos* de Miguel Ángel, el gran maestro de lo inacabado. En la *Madonna de Mánchester*, los ángeles apenas están esbozados, quizá por su naturaleza inmaterial. La *Adoración de los Magos*, obra de juventud de Leonardo da Vinci, es un claro ejemplo de obra inconclusa, aunque el propio autor la consideraba acabada. Júzguelo el espectador, que debe colorear mentalmente la periferia del cuadro. La postura de Leonardo al respecto plantea la cuestión de qué determina que algo esté terminado o no. El retrato se presta especialmente a lo inacabado: cambiamos continuamente, nunca estamos completos. A veces las razones son un enigma: Chopin y George Sand, entonces amantes, son pintados por Delacroix, ella cosiendo, él tocando el piano, y, como el propio amor, el cuadro es abandonado. Otras causas son de fuerza mayor: la muerte del figurante en el caso de Roosevelt, o el destierro en el de Bonaparte (Jacques-Louis David se negó a pintarlo de memoria, aunque, dicho sea de paso, toda pintura es memorística). Mark Twain dedicó veinte años a escribir tres versiones de *El forastero misterioso*, pero no terminó ninguna. Los textos inacabados de Kafka fueron publicados tras su muerte, pese a su expreso deseo de que los arrojaran a las llamas. Algunas obras, como *La comedia humana* de Balzac, tienen, por su propia constitución, una naturaleza inconclusa. Hasta el gran Platón dejó sin terminar uno de sus diálogos, el *Critias*, que estaba componiendo cuando le sorprendió la muerte.

Lo inconcluso no sólo atañe a la obra, también afecta al autor. Hay obras que acaban con sus autores. El *Réquiem* de Mozart es el ejemplo más conocido, pero lo mismo podría decirse de *Bouvard y Pécuchet*, la novela satírica que Flaubert pretendía convertir en su obra magna, o de la *Suma teológica* de Tomás de Aquino, que quizá lo mató de aburrimiento, o de los cuadros finales de Van Gogh, en los que acostumbraba a dejarse el pellejo. Lo inacabado podría llegar a convertirse en género.

Augusto Monterroso trató este asunto en dos ocasiones. En el cuento sin puntuación «Sinfonía concluida», un viejo organista de una iglesia de barrio encuentra las partituras que completan la *Sinfonía inconclusa* de Schubert y, no sabiendo qué hacer con ellas, termina por arrojarlas al mar. El otro cuento en el que Monterroso se ocupa del tema, titulado «El mundo», es tan breve que permite la cita completa: «Dios todavía no ha creado el mundo; sólo está imaginándolo, como entre sueños. Por eso el mundo es perfecto, pero confuso».

La última de las catorce piezas de «El arte de la fuga» de Bach es un buen modelo para explicar las ventajas de lo inconcluso. La obra fue publicada sin indicación alguna de instrumentación ni orden, por lo que ha suscitado numerosas lecturas y versiones. De hecho, una fuga es un modo de dejar algo sin concluir, desentendiéndose del asunto. Y esto nos lleva a un tema central de este libro: toda creación es por naturaleza incompleta. Invita a la recreación. La pregunta es a quién corresponde concluirla y si tiene sentido hacerlo. Borges ironizó al respecto: la obra definitiva pertenece a la religión o al cansancio.

Algunos biólogos han concebido la naturaleza como algo inacabado, lo que facilita una tarea y un destino. La idea aparece en los textos de Vasubandhu, filósofo budista del siglo IV que contempla el despertar como la consumación de lo fenoménico. Es como si la completitud estuviera en juego y ese incierto destino otorgara tensión y vida a lo natural. ¡Allá vamos! ¡Por allí resopla! La aventura de cerrar el círculo. Aquí Borges acude de nuevo en nuestra ayuda, pues su observación sobre el género policíaco puede extrapolarse al ámbito filosófico: la solución al misterio es siempre inferior al misterio. Una suerte de decepción que acaba con la intriga y la diversión.

> El pensamiento es un pájaro extraño que se alimenta de sus propios errores. Sólo cuando una idea se lleva hasta sus últimas consecuencias revela claramente su invalidez. Hay, pues, que embarcarse en ella decidido, con rumbo al naufragio. De esta manera se van eliminando las grandes equivocaciones y va quedando exenta la verdad. El hombre necesita agotar el error para acorralar el cuerpo arisco de la verdad.
>
> JOSÉ ORTEGA Y GASSET

Si toda creación es un asunto inconcluso, la filosofía también lo será. De ahí que la gran filosofía sea el esfuerzo de liberarse de las inclinaciones que cada cual trae consigo. El pensamiento transmuta en filósofo al que lo atiende, y la magia de los antiguos bebedores de esencias consiste en convertir a otros en creadores. Hay filosofías de conquista y filosofías de simpatía, y aunque no se desdeñan las primeras, la filosofía genuina (que en otro lugar llamé *portátil*) pertenece a las últimas. Sabe lo que es vivir provisionalmente, prefiere la mochila a la cátedra. Y no es tanto una vocación de peregrino como una desconfianza hacia las disciplinas, hacia lo que Arendt llamó la *uniformización del pensamiento*. La buena conciencia y la facilidad amenazan al partidario y al oponente. ¿Cómo tomar partido en lo que todavía está por hacer? En su elección, el filósofo portátil no elude el compromiso, pero se trata de un compromiso *caminero*, que se hace al andar. Forma parte de la ruta del vivir atravesar ciertos paisajes del pensamiento, como las arboledas de Berkeley o las cordilleras de Hegel: estar de paso no impide alimentarse del paisaje.

Si las buenas filosofías no están acabadas, encontramos en ellas una invitación a que seamos nosotros quienes las terminemos; son como un testigo que recoger. La filosofía que no deja espacio a la creación no puede habitarse, no es ese cristal de aumento que, según Proust, permite al lector examinarse a sí mismo y cumplir con la admonición de Sócrates.

La amenaza de la muerte descubre el miedo, y ese miedo organiza el repudio de la vida, la negación de la *duración* y la geometría de la desconfianza. Y entonces el devenir se juzga apariencia; el movimiento, sucesión de inmovilidades (de nuevo las matemáticas); y el mundo, algo hecho, acabado, determinado, regido por inviolables y desconocidos algoritmos que vigilan nuestros movimientos como tablas de piedra, literales y eternas, de un nuevo Sinaí. Una ceguera que pretende burlar la muerte con la muerte, con la seguridad de que, en alguna parte, todo está dado (en forma de ley de conservación de la energía o de modelo estándar de las interacciones fundamentales), de que reposamos, como marionetas biológicas, a la sombra de un Dios muerto.

La filosofía genuina cubre la distancia, el falso abismo, entre el origen y lo creado. Desata al Dios prisionero de la ley, liberándolo del cimiento estático. Spinoza lo dijo como los clásicos, pero no quiso llevarlo hasta sus últimas consecuencias: el modo es constitutivo de la sustancia. El destino de la sustancia (Dios) queda así ligado al de los modos (nosotros). En Bergson, dada la univocidad de la duración, Dios vive como nosotros, *dura*. Y, en su duración, es la vida misma, esa que desmantela todos los discursos, la que rehúsa permanecer en la identidad, tan necesaria para la lógica simbólica, el lenguaje común o la cábala. La vida genuina es impermeable a las ideologías y al orden tecnológico, que son igualmente algebraicos, hijos de un Dios moribundo. Las ideas sólo viven en aquellos que las sostienen. La vida genuina mantiene en alto la pregunta, sabe que sólo el conocimiento puede transformarla, toma un libro antiguo, bebe de él y lo reescribe.

Los sueños son como las estrellas: cuando los observamos, vemos un mundo antiguo. Además, son tan frágiles y delicados que no soportan nuestra mirada y el observador se transforma enseguida en observado. Pero ¿qué es un sueño?, ¿por qué soñamos?, ¿para qué soñamos? Las preguntas se multiplican. ¿Cómo extraer el sentido simbólico de los sueños? Y, más difícil todavía, ¿dónde buscar ese sentido, en la vigilia o en el propio sueño?

Para la filosofía de las *upaniṣad*, la vida es un viaje a través de diversos estados de conciencia: la vigilia, el sueño y el sueño profundo. El primero es aquel en el que creemos vivir; el segundo, aquel en el que supuestamente descansamos; mientras que el tercero nos borra a nosotros y a las cosas. De lo pleno a lo vacío, en suave gradación. Cada uno tiene sus reglas y sus cuitas. Pero todavía hay un cuarto estado, que es el modo en el que la mente india concibe la realidad. Se llama *mokṣa*, o «liberación». Para la mentalidad actual, la situación es bien distinta. Esa diferencia se expresa en las lenguas modernas, que oponen el sueño a la realidad. «¡Esto no es un sueño, es real!», decimos cuando algo nos sorprende (una pandemia, una escena surrealista, un crimen). Pero los sueños pueden ser más reales que la realidad misma. Lo vemos en las enfermedades mentales, que comparten con los sueños las alucinaciones, los delirios y cierta *flexibilización de la lógica* (o de la identidad). Desde un punto de vista cualitativo, las alucinaciones que provocan la ayahuasca, la esquizofrenia o los sueños difieren poco entre sí. Las causadas por la ayahuasca y la esquizofrenia presentan un alto grado de intensidad y viveza, son mejores (y más dolorosas) narraciones que las de carácter onírico, sobre todo si se trata del sueño anodino del burgués.

Los científicos nacidos en culturas con un pasado indígena todavía vivo tienen una actitud más abierta hacia las innovaciones retroprogresivas que los del mundo anglosajón (educados en el voluntarismo y el puritanismo, y devotos de un determinismo que deja poco espacio a la inspiración). Se manejan mejor con las narrativas oníricas en esa otra narración que llamamos *neurociencia*.

La ciencia onírica tiene cada día más adeptos (¡cuántas cosas del mundo presocrático regresan!). En el siglo XVI, la cristiandad consideraba la revelación onírica fuente de blasfemia, de ahí que la Inquisición se ocupara de aplacarla. La decadencia del sueño como fuente legítima de conocimiento fue ratificada por el racionalismo. Karl Popper sostenía que era imposible una ciencia del sueño porque el sueño es irrefutable (algo parecido ocurre con la fenomenología), y para que algo sea científico debe ser refutable. Un buen ejemplo de esa actitud retrógrada lo encontramos en la ciencia oficial. Daniel Dennett se niega a aceptar la existencia de los sueños. Considera que el sueño es un fenómeno de la vigilia, una rápida reelaboración realizada por el cerebro despierto. Pero las evidencias científicas obtenidas en la última década han puesto en jaque esa opinión.

El arte de la noche puede penetrar en el arte del día. Los sueños son capaces de combinar con éxito ideas científicas. «El yo subliminal [...] es capaz de discernir, tiene tacto, tiene delicadeza [...]. Sabe adivinar mejor que el yo consciente, ya que triunfa donde éste ha fracasado.» Matemáticos como Poincaré (al que pertenece la cita anterior) o Ramanujan (que recibía en sueños fórmulas matemáticas de la diosa Lakṣmī), químicos como Mendeléiev, naturalistas como Wallace o filósofos como Descartes lo experimentaron. Sin embargo, al margen de estas excepciones, el sueño pasó a considerarse un pálido reflejo de lo que ocurre en la vigilia. Freud trató de rehabilitar los sueños como *vía regia* para explorar las profundidades de la mente, pero fue vilipendiado por las autoridades científicas. La idea de que los síntomas corporales pudieran proceder de meros pensamientos (y no de lesiones cerebrales) no era aceptable para los neurólogos, y mucho menos que los pensamientos tuvieran la capacidad de cambiar el cerebro.

Según la mayoría de los indicios, la esquizofrenia tiene un origen genético. Es decir, se asocia a experiencias pasadas que dejaron su rastro en la mente. Recuerdos que deberían estar bloqueados asaltan de improviso al paciente, que los revive presa del terror. La psiquiatría moderna se ha centrado en bloquear esos espectros del pasado con inhibidores de dopamina y serotonina. Para el mundo antiguo, sin embargo, tales delirios eran signos sagrados, presagios o guías, experiencias de contacto con el mundo sutil que hay tras los bastidores de la existencia. La civilización científica fue reduciendo esos diálogos a narraciones más elementales, con el propósito de intervenir en ellas desde fuera y cortar la conversación. Nadie lo ha expresado mejor que Foucault: «El conocimiento no está hecho para *comprender*, está hecho para zanjar». Los locos o los psicóticos, que antes ardían en las hogueras, hoy son encerrados o se los atiborra de inhibidores de dopamina. Un signo inequívoco del miedo a la propia mente. El trabajo del que antes se ocupaba la Inquisición ahora lo hace el Estado, que asume la tarea de vigilar y castigar a esas personas en instituciones pagadas por los ciudadanos de orden.

La psiquiatría trata con trastornos mucho más sutiles que escapan al examen neurológico. La investigación moderna ha detectado dos grandes tendencias en los delirios: la psicótica y la neurótica. En ambos casos está en juego la consideración de la identidad personal. El neurótico tiende a sublimar el yo; el psicótico, a diluirlo. Salvación o liberación del yo, un viejo dilema que ya planteó el budismo. Nuestro mundo es esencialmente neurótico, mientras que el antiguo y el indígena son psicóticos, aunque no faltan interferencias entre ambos. En la medicina india tradicional, al esquizofrénico no se le saca de su estado por abajo, con depresores, sino por arriba, alentando su euforia. Los psicóticos han levantado el velo, mientras que los neuróticos viven enterrados por un montón de mantas. Ambos extremos claman por un equilibrio. Los primeros viven en un sueño de gran intensidad; los segundos, en uno anodino.

Una de las tesis recientes que suscribo es que el sueño podría ser un episodio de psicosis indispensable para la salud mental. Los estudios de neuroimagen muestran una notable similitud entre el sueño REM y la psicosis. Las fantasías oníricas podrían guardar relación con los delirios esquizofrénicos, lo que supondría un gran potencial terapéutico. El sueño, como se ha dicho, ya fue considerado por Freud una *vía regia* para acceder a las profundidades de la mente. Pero cuando se descubrieron los antipsicóticos, fármacos capaces de bloquear la dopamina del cerebro (muy útiles para los familiares de los enfermos), esa línea de investigación perdió interés. Como en el caso de la ficción y la realidad, los dominios de la vigilia y el sueño no parecen estar completamente separados. Hay estudios que sugieren que la psicosis podría ser resultado de la irrupción del sueño en la vigilia. Lo más llamativo del asunto es que esas incursiones ocurren generalmente en el campo del lenguaje. «La gran mayoría de los síntomas psicóticos son auditivos, típicamente en forma de voces sarcásticas, revocatorias, acusadoras o imperativas, a veces incesantes, que suenan "dentro de la cabeza" de forma convincente y que parecen por completo reales», afirma el neurocientífico Sidarta Ribeiro. Parece como si un antiguo yo esgrimiera reproches y reclamara deudas pendientes. Como la voz del padre de Lacan, aunque las voces que sufren estos pacientes pueden ser más antiguas. Julian Jaynes sostenía que los psicóticos de hoy representan la persistencia, socialmente inaceptable, de una mentalidad pretérita. Serían fósiles vivientes de otra forma de conciencia, de un tiempo en que no era infrecuente escuchar voces. De ahí el deseo del esquizofrénico de escapar al bosque o a la montaña. Prefiere el riesgo de la naturaleza al malestar de la cultura.

El sueño REM participa en la consolidación de la memoria, cuya eficacia depende del olvido. Los sueños hacen olvidar lo fútil y dan relevancia a lo importante. La supresión de recuerdos indeseados es, al parecer, una actividad cerebral cuantificable (desactivación del hipocampo y la amígdala). Investigaciones recientes sugieren que los recuerdos no son de fiar. Pierden las patas y ganan alas, reciben con gusto nuevos detalles y asociaciones, pasan por el filtro de la seducción, la censura o el deseo. Sabemos que los recuerdos no se fijan de una vez por todas, sino que ofrecen diversas versiones cada vez que son reactivados. Una renovación que depende del mismo proceso (regulación de genes y producción de proteínas) que se activa durante el aprendizaje. Cuando rememoramos algo lo reconstruimos. De ahí que los recuerdos carezcan de lugar. Son más una actividad que un objeto. Y dado que se activan cuando dormimos, los sueños los consolidan.

«El alma humana, cuando sueña, desembarazada del cuerpo, es a la vez el teatro, los actores y el auditorio.» A la frase de Addison, Borges añade que es también el autor de la pieza que se representa. Pero se trata de un autor desconocido, que ni uno mismo reconoce. Por eso hay tantos sueños como géneros literarios (satíricos, alegóricos y proféticos, banales y mudos). Hay sueños inventados por el sueño y sueños inventados por la vigilia. La postura moderna es que los sueños vienen de dentro (del interior del cerebro). La antigua era que carecen de lugar, que nos visitan y guían entre bastidores (una idea planteada ya por el budista Vasubandhu). En las capas más profundas de lo inconsciente se almacenan incontables imágenes y experiencias compartidas que pueden aflorar en cualquier momento. Un legado al que Jung accedía mediante pacientes que sufrían intensas alteraciones emocionales. En ellas se ponen de manifiesto arquetipos e imágenes primigenias de la psique que gozan de energía propia y de una notable autonomía. Imágenes capaces de dirigir el comportamiento e incluso de adueñarse de la voluntad.

Para las culturas antiguas, el sueño no significa irrealidad sino un estado de conciencia particular del que se puede extraer conocimiento. La vigilia convive con el sueño, pero no es más real que éste. Para los amerindios, los sufíes o los budistas, los sueños son el umbral de otro plano de realidad. Un ámbito que existía antes de que naciera el soñante y que lo sobrevivirá. Todas estas tradiciones poseen un extenso acervo de conocimiento sobre plantas y hongos. Cada vez resulta más incongruente la puritana criminalización de las sustancias psicodélicas, ya que pueden ayudar al tratamiento de enfermedades mentales. Soñar mejora la salud del cuerpo y la plasticidad neuronal. La molécula de DMT, presente en el té de ayahuasca, induce poderosas experiencias visuales y es muy utilizada en Brasil con fines terapéuticos. Produce una purga psíquica que incluye una feroz autocrítica y la posibilidad de revivir actos del pasado. Psicodélicos serotoninérgicos como el LSD o la psilocibina son las sustancias que mejor emulan el estado onírico. La psilocibina, administrada en dos dosis durante las sesiones de psicoterapia, reduce la depresión y la ansiedad. Está probado que el MDMA, el principio activo del éxtasis, es una solución efectiva para mitigar el estrés postraumático. Si no está contaminado con otras sustancias, produce una intensa liberación de serotonina en el cerebro que desata *estados de gracia*, un intenso amor por los demás y una inmensa felicidad de existir. Tanto la psilocibina como el MDMA están muy cerca de ser aceptados por la psiquiatría tradicional.

La ciencia moderna, hasta hace muy poco, negaba la autoridad de los sueños. La tendencia ahora es recuperar esa voz. Sin embargo, al introducir en el laboratorio las técnicas chamánicas, se corre el riesgo de perder sus marcos simbólicos y rituales. Monjes y chamanes no entienden la necesidad de probar lo que les resulta evidente. Las últimas investigaciones han confirmado el sueño lúcido que, según Sidarta Ribeiro, le sobreviene a todo el mundo de forma espontánea al menos una vez en la vida, pero cuya frecuencia decrece tras la adolescencia. El tráfico entre ambos mundos es cada vez más intenso. El tema es fascinante. Mirar hacia dentro puede ser tan revelador como mirar hacia fuera. Los sueños tienen todavía mucho que decirnos.

III
METÁFORA

Las metáforas y el mito no sólo cumplen una función social, sino que también proporcionan un entendimiento de la propia mente (singular y colectiva), al tiempo que abren una perspectiva sobre el cosmos. Son mapas con los que orientarse en el laberinto de la existencia. Muchos de nuestros problemas mentales provienen de no haber encontrado un mito propio con el que configurarnos.

Poco tiempo después de que Borges escribiera que la historia universal era la historia de unas cuantas metáforas, Joseph Campbell se embarcaba hacia la India y Japón. Ese viaje dio lugar a *Las máscaras de Dios*, una obra de múltiples influencias (Frazer, Frobenius, Rank, Spengler) entre las que destaca la de Adolf Bastian, médico, etnógrafo e incansable viajero. Bastian fue un devoto de la observación escrupulosa y un naturalista inspirado en la vida y obra de Alexander von Humboldt. Le interesaban especialmente los motivos míticos compartidos por las diferentes culturas, porque permitían inferir una fuente psicofisiológica común en la imaginación humana. Una idea que daría pie a los conceptos junguianos de *arquetipo* y de *lo inconsciente colectivo*. Y así como la imagen onírica es metáfora de la psique del soñador, la expresada en la mitología lo es de la mentalidad de todo un pueblo. Ese motivo fue lo que Frobenius y Spengler llamaron *mónada cultural*: una cosmovisión que marca la actitud y evolución de una cultura. De ella emergen tanto las manifestaciones artísticas como la maquinaria de guerra. Y en la constelada variedad de necesidades e intereses, unas mónadas devoran a otras en un festín caníbal que recuerda al homicidio ritual descrito por René Girard en *La violencia y lo sagrado*.

Siguiendo este razonamiento, y para contrarrestar los aspectos provincianos del mito y su pulsión etnocéntrica, se sugirió que las metáforas podrían tener un fundamento biológico. No podría ser de otro modo si atendemos a los aspectos cognitivos de la metáfora (unir esto con aquello), que sin duda proceden de la experiencia sensible. Ese supuesto fundamento universal conviviría con los aspectos históricamente condicionados requeridos por las diversas necesidades e idiosincrasias de los pueblos. De ello deducían Bastian y sus partidarios que las ideas elementales, o arquetipos, constituían la fuerza motora de las metáforas que animan a los mitos (que los hacen estar vivos y ser eficaces). Es decir, la actividad metafórica es, por un lado, ubicua y, por otro, particular e históricamente condicionada. En general, la antropología moderna se detiene en este último aspecto, mientras que a Campbell le interesaba el primero. Por supuesto que reconocía la función social de la mitología como conjunto de aspiraciones y temores de una sociedad, indispensable para legitimar y armonizar las relaciones sociales, pero aquello por lo que de verdad se sentía concernido era el trasfondo intemporal de ciertas asociaciones.

El caduceo, una vara rodeada por dos serpientes entrelazadas, atributo de Mercurio, mensajero divino y dios del comercio, es el símbolo de esta propuesta. Campbell repasa las diversas tradiciones ofídicas, desde las representaciones de Cristo con forma de serpiente hasta las copas de libación sumerias, los códices aztecas y las dinastías chinas de la Antigüedad o de la Irlanda druídica. «La tesis es que símbolos como el caduceo pueden haber aparecido de manera independiente en la India, Grecia, Irlanda y México por paralelismos a partir de un sustrato común que Carl Jung llamó *lo inconsciente colectivo*.» ¿Cómo explicar si no que mentes tan distantes hayan seguido caminos tan similares para producir, de manera independiente, idénticas imaginerías? Campbell incluso confesaría haber estado trabajando toda su vida en un único relato épico de la imaginación humana. En su juventud estudió literatura medieval, poesía provenzal y novela artúrica, sánscrito y cultura de Extremo Oriente. Investigaciones aparentemente diversas pero con un fondo común del que surgen universales psicológicos como el Vuelo del chamán, el Árbol del mundo o la Tierra prometida.

Elementargedanken comunes a todas las culturas, ajenos a las limitaciones de las épocas o las fronteras, que brotan del mismo sustrato biológico-metafórico humano. Un sustrato revelador al que es posible acceder ocasionalmente en sueños, visiones y hierofanías.

Pero los mitos tienen también su lado oscuro. Son el secreto a voces que comparte una comunidad, su modo de defenderse del acoso del extranjero. Con las mitologías ocurre lo mismo que con los idiomas: están destinadas a orientarnos, a ayudarnos a comprendernos a nosotros mismos, a encontrar sentido en un momento y lugar determinados de la historia. Frente a esa función concéntrica, que suscita sentimientos de pertenencia al grupo y relaciones de apoyo mutuo, hay una excéntrica que permite abrirse a otras mónadas culturales, establecer lazos con la otredad y disolver formas étnicas particulares.

¿Puede la mitología dejar de ser una prisión y convertirse en una vía de liberación? Como sugiere Borges a propósito de las metáforas, en las que nos centraremos enseguida, la transformación de los mitos es el reloj de la historia. Para Zoroastro, hubo dos creadores del mundo: Ahura Mazda, señor de la luz, la verdad y la justicia, y Angra Mainyu, señor de las tinieblas y la maldad, responsable de haber corrompido el mundo. De ahí la imposibilidad de vivir en concordancia con la naturaleza, como proponían las cosmovisiones orientales, y que el hombre tuviera que tomar partido, orientarse hacia el bien y luchar por la justicia y la paz, o servir al mundo de las tinieblas. En ese viejo mito resuena el mito moderno del cientificismo, que se arroga la tarea de corregir a la naturaleza. Curiosamente, en su evolución histórica los mitos han llegado a negarse a sí mismos, a transmutarse en antimitos. El mito moderno abomina de su propia identidad, esencialmente metafórica, y abraza sin cortapisas la literalidad científica. Los tiempos de Zoroastro han vuelto.

Sobre el lenguaje del mundo. El siglo XX comenzó hablando literalmente y concluyó admitiendo la ineludible presencia (insidiosa para unos, venturosa para otros) de la metáfora. A pesar de los esfuerzos de las ciencias por hablar sin ambigüedades, el significado de lo que ocurre en los laboratorios no pudo esquivar el fantasma de lo figurado. El positivismo lógico pensó que la naturaleza podía expresarse con claridad; simplemente había que encontrar el lenguaje adecuado. El habla común y la lengua poética o literaria debían someterse a ese lenguaje técnico que detentaba la autoridad sobre *lo real*. El discurso científico se encargaba además de normalizar lo extraño y convertir en familiar lo misterioso. En general, se consideró que el reduccionismo era el precio que había que pagar por el éxito tecnológico.

Posteriormente, en las primeras décadas del siglo XX, algunos antropólogos, lingüistas y físicos cuánticos mostraron sus dudas acerca de la posibilidad de un lenguaje de la naturaleza. A ellos se unirían filósofos y teóricos del arte (el segundo Wittgenstein, Ernst Gombrich) para los cuales la literalidad en la *manera de hablar* de la naturaleza era cuestionable. La idea central de dicha crítica era que todo conocimiento es resultado de una construcción lingüística y mental, fundada sobre un conjunto de presuposiciones que nunca es posible desarraigar por entero. Según esta perspectiva, el mundo objetivo no es directamente accesible, sino que está construido sobre una base en la que desempeñan un papel decisivo el lenguaje común y los supuestos (tácitos o manifiestos) que éste entraña. Percepción y lenguaje se encuentran entretejidos de tal manera que no es posible discernir entre la percepción del científico y los códigos culturales en los que vive inmerso.

Ésa fue, esquemáticamente, la forma en la que en el pasado siglo las relaciones entre el lenguaje y el mundo se desplazaron de lo literal a lo metafórico. El lenguaje, en principio una herramienta que, una vez esterilizada, podía darnos acceso a una realidad objetiva, pasó a ser el factor mismo que condenaba dicha posibilidad. Cierto escepticismo se apoderó entonces del pensamiento. Algunos hicieron de esa epistemologización una bandera; otros se limitaron a beneficiarse con cinismo del poder que proporciona conocer el *lenguaje del mundo*, cuyos síntomas de enfermedad se encargaron de ocultar.

Estas dos formas contrapuestas de percibir el lenguaje, como herramienta precisa y de confianza o como resultado de condicionamientos históricos y culturales, han recibido numerosas etiquetas.

La primera considera el lenguaje algo exterior que podemos utilizar en nuestro provecho, mientras que la segunda tiende a borrar la distinción interior/exterior: el lenguaje no puede ser una herramienta porque no es algo que se encuentre fuera de nosotros, sino que conforma y configura nuestro ser; así pues, no es posible concebirlo como si fuera un objeto y nosotros el sujeto que lo investiga. El científico es tan letraherido como el poeta. Se puede llamar a estas dos tendencias *la literal* y *la metafórica*, a pesar de que apostar por la segunda no siempre permite distinguir entre lo literal y lo figurado.

¿Es posible una ciencia de la metáfora? O mejor, ¿podemos decir algo sobre la metáfora en términos no metafóricos? ¿Sigue siendo útil la distinción entre lo literal y lo figurado? ¿Hay que tomar de manera literal la no literalidad del mundo? Aunque probablemente toda palabra sea una metáfora muerta (de nuevo Borges), es posible distinguir entre las metáforas vivas y las muertas. Es decir, lo importante en la metáfora es que la veamos como tal: la *percepción* de la metáfora juega un papel determinante en nuestra lectura de los *hechos*.

La relación entre el tejido muerto de lo literal y el vivo de la metáfora es decisiva para las ciencias. La creatividad se concibe a menudo como la capacidad de encontrar metáforas nuevas, pero «la comprensión de una metáfora puede ser una tarea tan creativa como su creación». Esta frase de Donald Davidson equipara al lector con el autor, al tiempo que evita ver la metáfora como una desviación del uso normal. La metáfora no es la cigarra parásita (el poeta) frente a la hormiga laboriosa (el científico). Una postura que contrasta con la del positivismo, según el cual las metáforas se explican en términos de desviaciones de lo literal. Desde este punto de vista, la vaguedad que la caracteriza no contribuye al conocimiento, sino que lo pone en peligro con su irresponsable juego. La metáfora seduce y coquetea, no trabaja.

Para el pensamiento contemporáneo, la persona es un texto que interactúa con otros textos. Ese intercambio se da en dos direcciones: el lector lee el texto y, al mismo tiempo, es leído por el texto.

«Sigo comprando libros que no leeré y que no me leerán», decía Borges, ya ciego. El texto nos deletrea, como en el poema de Octavio Paz. *Hace ver*, hasta el punto de llegar a convertirse en los ojos del lector, unos ojos con los que ve el mundo y se ve a sí mismo. Los libros de caballería hacen a Alonso Quijano ser quien es, y en este sentido todos los lectores somos un poco Don Quijote. Algo que no sólo se aplica a las culturas, las religiones y las artes, que se orientan mediante metáforas, sino también a las ciencias positivas, como la física o la biología.

Si somos textos, resulta entonces relevante preguntarse dónde radica el significado de esos textos. La crítica literaria ha ofrecido, de manera general, tres respuestas a esta pregunta. La primera, la más desacreditada hoy en día, pone énfasis en el *autor* como depositario y creador del significado. Las religiones reveladas son las principales representantes de la hipóstasis del autor (Dios), de la que se hace eco gran parte de la beatería literaria. La segunda se centra en el *texto en sí*, como si pudiera delimitarse y significara siempre lo mismo. A esta postura se afiliaron los positivistas y los cientificistas, adoradores del ídolo de la ley universal, todos ellos a la caza de un lenguaje inamovible de la naturaleza. La tercera y última respuesta a la cuestión del significado de un texto, la más reciente, posmoderna y caprichosa, adopta la perspectiva del *lector*: habita en la mente de quien lo lee, de modo que el texto significa sólo cuando es leído y puede poseer tantos significados como lectores. Las tres respuestas tienen algo de verdad y, al mismo tiempo, adolecen de cierta ingenuidad. No hay un *lugar* en el que resida el significado de un texto, como tampoco lo hay para la conciencia, pero esa deslocalización no debería verse como un problema.

La pregunta por la metáfora se vuelve contra nosotros. ¿Debemos plantearla literal o metafóricamente? Pensar la metáfora, se podría decir, supone pensarla de manera literal, pues si lo hiciéramos metafóricamente no la pensaríamos, sino que nos limitaríamos a recrearla o reproducirla (como hace un espejo) y seríamos expulsados de nuevo de la república por imitar la verdad. Pero esa inevitable recreación constituye de hecho la tarea del pensamiento.

Si la propia tentativa de pensar la metáfora es reflexiva y si al preguntar por ella nos interrogamos a nosotros mismos (viéndonos espejados en su superficie cuando lo que queríamos era verla a ella), habrá que preguntarse por la legitimidad misma de la pregunta. Advertimos de inmediato que la metáfora nos remite a un entramado de relaciones del que ya formamos parte y en el que ya estamos implicados. Nos encontramos en el momento mismo de la inquisición, entretejidos por metáforas, atravesados por ellas, sometidos a sus exigencias o mecidos por sus bondades. Quizá el vértigo de estas regresiones (metáforas de metáforas...) haya sido fundacional: el descenso a sus profundidades exigió la petición de principio que funda la lógica.

Nos hallamos confinados por ciertas metáforas no sólo debido a circunstancias históricas y culturales, sino de un modo epistémico más radical que alcanza a la percepción. Ese confinamiento es generador y configura al individuo, lo articula y en cierto sentido lo crea, pero también lo limita señalándole adónde mirar. Podríamos decir que nuestro mundo se articula en función de diferentes formas de asociación metafórica. Hay caminos trillados y rutinas de la retina. La percepción es ya memoria e historia, creencia y prejuicio. Y es en la metáfora donde el pensamiento se aproxima más al arte, donde la mente está más cerca de los sentidos, donde puede crecer una filosofía de la percepción. Las diferentes culturas ven o escuchan metáforas donde otras no lo hacen, toman por metafórico lo que para otras es literal. Así es como se crea el espectro de las sensibilidades, fuente de simpatías y malentendidos secretos (de nuevo Borges: lo decisivo en la metáfora es que sea percibida como tal). Un entendimiento que configura las diferentes facciones políticas, religiosas, literarias o filosóficas... La lógica de la metáfora no es sólo estética, sino también ideológica. Su significado es su percepción; su semántica, una sensibilidad. De ahí su importancia para una filosofía de la percepción.

La metáfora permite ver una cosa en términos de otra: la vida como sueño, la muerte como amante, el amor como promesa. Lakoff y Johnson lo plantearon de un modo contundente. Además, la metáfora nos orienta hacia uno de los aspectos de su objeto mientras hace que olvidemos otros. La visión metafórica nunca es completa. Abre una puerta y cierra otra.

Un tipo común de metáforas son las llamadas *sustancialistas*. Consisten en considerar ciertos acontecimientos como objetos o recipientes. Ello permite elegir determinados aspectos del fenómeno y analizarlo como si fuera una entidad independiente. Nos vemos como seres limitados y separados del mundo por la superficie de la piel, o como recipientes que contienen ideas y en los que se vierten sensaciones, proyectamos un umbral dentro-fuera, olvidando que participamos de la respiración, el habla, la música, la sexualidad, la comida y el excremento, la mirada y, en general, de todos los aspectos de la sensibilidad. Estas metáforas son tan comunes y se encuentran tan arraigadas que pasan desapercibidas. He aquí una muestra: la mente como mecanismo *(perder el control, faltarle un tornillo a alguien)*, el tiempo como objeto en movimiento *(las semanas por venir, los años que se fueron)*, las teorías y los argumentos como edificios *(el armazón de una teoría, argumentos que se desmoronan)*, la comprensión como visión *(no ver lo que otro dice, ser una observación brillante)*, los ojos como recipientes de emociones *(ver el miedo en los ojos de otro, llenarse la mirada de rabia)*, las emociones como contacto físico *(ser la muerte de alguien un duro golpe, dejarle a alguien tocado una película)*.

Cuando algo es esencial para la vida, como el amor o las ideas, las metáforas se multiplican y proporcionan un amplio abanico de puntos de vista. Así, tenemos las ideas como alimento *(jugosas o insípidas, de fácil o de difícil digestión)*, como seres vivos *(aquellas que viven para siempre o que deben ser resucitadas)*, como plantas *(florecen, fructifican, son embriones de algo)*, como artículos de consumo *(con o sin mercado, de escaso o de mucho valor)*, como recursos *(ser rico en ideas, ser un tesoro de ideas)*. En cuanto al amor, se articula casi enteramente con metáforas: el amor como viaje *(encontrarse los enamorados en una encrucijada, ser la relación un callejón sin salida o irse a pique)*, como batalla *(conquistar a alguien, luchar por una persona, ganar terreno en una relación)*, como locura *(perder el juicio o estar loco por alguien)* o como fuerza física *(arrasar el corazón)*.

El hecho de que estas asociaciones estén consolidadas en la lengua y la literatura no las hace menos vivas. Al contrario, participan de manera activa (a veces inconscientemente) en la forma en la que cada cultura entiende sus experiencias. Como sugieren Lakoff y Johnson, son «metáforas por las que vivimos», a través de las cuales experimentamos y damos sentido a nuestras vidas. Nos ayudan a visualizar lo más difícil de entender: el amor, la existencia, el pensamiento. Por el contrario, para objetos visibles como sillas, barcos o piedras, resultan innecesarias o afectadas. Conceptualizamos lo invisible en términos de lo visible y de este modo hacemos inteligibles, y convencionales, ciertos elementos de la existencia sobre los cuales no es fácil coincidir. Lo sensible funciona aquí como base para el acuerdo común. Un buen ejemplo es la metáfora del tiempo espacializado, como movimiento o como recipiente *(la llegada de las vacaciones, hacer algo en tres minutos, volver dentro de una hora)*. Convertimos lo que carece de límites en algo limitado. La metáfora no es sólo lírica, pues su aspecto cognitivo es fundamental.

En las metáforas de la forma A es B, el factor que define (B) está mucho mejor delineado que el factor por definir (A). De modo que la metáfora sirve para delimitar lo que no sabemos muy bien qué es. Pero la imagen que define siempre tiene un excedente que no se aplica, de manera que serán los usos convencionales los que establezcan sus límites: podemos *digerir* una idea, pero hasta ahora no ha habido nunca ideas *hervidas*.

Las perspectivas que abren las metáforas son históricas y culturales. Aunque muchos pueblos compartan ciertas metáforas, no encontramos las mismas en todos ellos. Al depender del hábitat y el lenguaje en los que se desarrollan, las metáforas estructuran la experiencia en determinadas direcciones, creando *maneras de ver* colectivas que privilegian ciertos aspectos de la experiencia y censuran otros. Cada cultura y cada individuo eligen o son elegidos por las metáforas que han de guiar su devenir o su vida. Oscar Wilde vivió guiado por la metáfora de la vida como obra de arte; las almas sentimentales, por la de la vida como una novela; los arribistas, por la de la vida como escalera.

Veamos un caso concreto: el refrán castellano *Quien mucho abarca poco aprieta*. Se entiende como una crítica a esa actitud que, por meterse en todo, no profundiza en nada. La frase lleva implícita la entonación de su lectura, y esa música es local, *típica*, como lo son los contextos en los que cobra sentido. Una crítica del abarcar y una defensa del apretar. Pero las circunstancias históricas (una reestructuración de la educación como la que pretendía Dewey, por ejemplo, o la inversión surrealista de su gramática: *Quien mucho aprieta poco abarca*) podrían desplazar el sentido, de manera que se primara el abarcar como abrazo amoroso de una curiosidad infatigable, frente al apretar como estrangulamiento inherente a todo saber.

Las disputas entre los diferentes credos filosóficos y religiosos pueden verse como conflictos entre metáforas. Las diversas orientaciones hacen que lo que para una cultura es literal para otra sea figurado. Vivimos inmersos en una cultura tecnológica y productiva en la que el tiempo es un *recurso* y tendemos a no considerar esa perspectiva como metafórica. Hace falta salir y conocer otra cultura para darse cuenta de que su literalidad era sólo un efecto de hábitos locales. Las nociones del trabajo y el tiempo como recursos no son en absoluto universales, emergieron con la ética del protestantismo y con el desarrollo del capitalismo. En nuestras sociedades, la contemplación no es una actividad en sí misma y hasta el tiempo libre puede ser aprovechado o desaprovechado.

La diferente orientación que obran las metáforas se aplica también al pensamiento. La argumentación filosófica puede entenderse como un viaje o como una danza, pero en nuestra cultura suele ser una batalla o una construcción. La dialéctica es una lucha; el sistema filosófico, un edificio. En lugar de un empeño colectivo, como los diálogos musicales del jazz, la filosofía es una competición. En nuestras sociedades, regidas por la dialéctica de la victoria o el fracaso, siempre debe haber vencedores y vencidos.

La metáfora, como el sueño, sobrevuela las limitaciones del espacio y el tiempo. Además, con ese vuelo se produce un desplazamiento semántico. Para Aristóteles, la *metáfora* (cuyo significado en griego es «traslado») era dar a una cosa el nombre de otra. De modo que la palabra, sujeta a la cosa, se desplaza para asumir otra. Ese movimiento nos enseña algo, moviliza nuestra inteligencia. Al referirse a una cosa como si fuera otra, al proponer un intercambio provisional de identidades, el pensamiento debe descubrir el vínculo (la unidad) en la diversidad (la multiplicidad). Las cosas se han movido de lugar, y entonces nuestra percepción de ellas se desplaza a su vez. La metáfora insinúa simpatías secretas que hasta el momento habían pasado desapercibidas, de ahí que sea tan afín a los movimientos del pensamiento, tan adecuada para una filosofía de la percepción.

La verdad del *encuentro* que hace posible la metáfora adquiere la forma de una insinuación, cuya naturaleza impide toda apropiación. Como cualquier experiencia genuina, se nos escapa cuando queremos apresarla, dejando el rastro que guiará futuras experiencias y que llamamos *deseo*.

Una nueva metáfora hace que veamos un objeto familiar bajo una luz diferente. Si el lenguaje es un conjunto de imágenes, la nueva metáfora ofrecerá una nueva imagen de la cosa. El sentido común, que sitúa el objeto en cierto lugar de la república de las cosas, se ve con ello trastocado. Surge la sorpresa y el entendimiento debe decidir si acepta o no el nuevo lugar asignado al objeto, si incorpora la nueva imagen o la descarta.

La naturaleza del tiempo ha sido a menudo el lugar favorito para los extravíos de la metafísica. Nuestra concepción del tiempo es, inevitablemente, metafórica. Ya hemos mencionado que Borges se atrevió a plantear la historia universal como la historia de unas cuantas metáforas: las épocas como períodos en los que prevalecen una serie de metáforas y las transformaciones históricas como el trasvase de lo literal a lo metafórico. Según esta concepción, el lenguaje sería un conjunto de metáforas fósiles, y el sentido común, el caudal de metáforas muertas que comparte una sociedad. Una forma colectiva de mirar que vincula a los diferentes miembros de una nación, siendo ésta, fundamentalmente, una comunidad imaginada y una imaginación común. El poeta o hacedor de metáforas, al renovar los tejidos del organismo del idioma, amplía el capital cultural con el que la comunidad imagina, ve y representa el mundo. Las asociaciones del sentido común se enriquecen con el más excéntrico de los sentidos, el poético. Ésta sería la función social del poeta (como reclamaba Leopoldo Lugones), que históricamente le han negado otras ramas del saber.

Si toda palabra esconde, oculta en su pasado, una metáfora, si toda palabra es una metáfora muerta, entonces podemos ver en la metáfora la infancia olvidada de la palabra. Cuando la metáfora reniega de su condición asociativa, cuando el tiempo ha difuminado (propagándola) su energía de enlace, se convierte en palabra. La palabra llega a serlo mediante la presencia del tiempo en la metáfora. Y esa palabra es una *abstracción* que señala a *un* objeto (o a una clase de objetos) y lo distingue del resto. Ese olvido hace posible la abstracción, condición del pensamiento. Contra el resorte, ahora sólido, de lo que fue la metáfora, los argumentos pueden avanzar y desarrollarse. Cuenta Borges que la palabra inglesa *king* fue en sus orígenes *cyning*, que significaba «hombre que representa y defiende a los suyos, a la familia, al pueblo». Pero si decimos «el rey se sentó a contar su dinero», no pensamos que la palabra *king* sea ya una metáfora. El préstamo del que hablaba Aristóteles se ha convertido en propiedad. De hecho, si optamos por el pensamiento abstracto, tenemos que olvidar que las palabras fueron metáforas. En las matemáticas no hay metáforas.

Los astros guían al ser humano. Prometeo entregó el fuego a los hombres, en un gesto que aúna generosidad y piedad. El deseo de compañía desató la creación del dios védico Prajāpati. El amor es el principio que inspira el cosmos. No puede hablarse de un principio meramente material, hace falta alguna causa capaz de poner en movimiento las cosas y recogerlas. Dante lo registra: el amor mueve las estrellas. A cada maestro que ha cumplido con el Tao se le asigna una estrella. Dongfang Shuo es el planeta Venus. Los dioses taoístas, como los egipcios, no sólo habitan el firmamento, sino también los órganos del cuerpo. «Visualiza el sol en tu corazón. Métete el sol por la boca hasta llevarlo al corazón y mira cómo irradia luz por todo tu corazón desde dentro. Hazte uno con la luz del sol», se insta en el *Tratado sobre el hombre perfeccionado*. Una alquimia interior que pretende visualizar la energía vital y transformarla en aliento. Nada muy lejos de las técnicas de meditación budistas.

Hesíodo, cabrero inspirado por las Musas, nos lo recuerda. Eros, el Amor, es el principio que mueve el cosmos. Luego vendrán la odiosa Eris (la Discordia) y su descendencia (de la que forma parte la penosa Fatiga), las luchas, los asesinatos y las masacres, y la reforma expresiva de la filosofía, que hunde sus raíces en el asombro. Pero al comienzo de toda esa trama cambiante está el Amor.

«Aquel que no tiene explicación para algo se asombra y se reconoce ignorante –nos dice Aristóteles–, de ahí que sea amante del mito, que se compone de cosas asombrosas.» La juventud no puede entenderse sin el asombro. Tres son sus esencias: imaginación, desprendimiento y sensibilidad. Las tres contribuyen a la vida asombrada e itinerante.

La inteligencia es hija del amor. Es un préstamo del cielo y la Tierra. Asume el magnetismo entre lo contemplativo y lo creativo. Expresa esa tensión esencial, ese muelle del mundo, que postula el *sāṃkhya: prakṛti* y *puruṣa*, o «naturaleza» y «percepción». No importan las etiquetas. Sabio es distinguir lo que engendra y crea de quien observa. Tal es el principio del movimiento, ese que Newton no podía explicar, por eso recurrió a una malla uniforme de espacio y tiempo. Pero, como recuerda Chuang Tse, no se debe violentar la naturaleza original aplicando la regla y el compás, la soga y la cuerda. Lo que es por naturaleza curvo no tiene por qué hacerse recto. Lo que es por naturaleza largo no debe acortarse. He ahí cómo se evita el sufrimiento. Allí donde hay un mecanismo, hay también dificultades mecánicas y un corazón mecánico. «Cuando late en el pecho un corazón mecánico, se ha perdido la pureza original, y, sin ella, el alma cae en el desasosiego y el Tao ya no puede sostenerla.»

La naturaleza es prolífica gracias a ese magnetismo, a ese *mecanismo* que dispara el amor. Heráclito lo llamaba *pólemos*, o «guerra». A batallas de amor, campos de plumas. Sin esa tensión, la naturaleza quedaría estancada. Por supuesto, aunque lo parezca, no se trata de una guerra. Es fatigosa navegación de los astros, de las embarcaciones. Sin imaginación no podría haber deseo, y el deseo es el origen del movimiento, el motivo de que haya algo en lugar de nada. Esa tensión es creación y observación (frente a la propuesta de Schopenhauer: voluntad y representación). Por ambas se producen las transformaciones, las mutaciones de unos seres en otros, según adquieran inteligencia o estupidez.

Ésa es la tensión del arco que empuña el mendigo recién llegado a Ítaca. El extranjero lo tensa como si fuese una lira, lo acerca y lo separa. Encaja en él la flecha y el disparo atraviesa todas las hachas. Es el grito de guerra de Odiseo contra los pretendientes, el cual evoca aquel de Arjuna contra los Kaurava.

El principio creativo no es materia todavía. Es inteligencia, sentido del yo y mente. Los tres forman la materia sutil, que evoluciona y deja como sedimento lo que hoy vemos y tocamos, la materia *tosca*: los átomos, que a veces nos parecen inteligentes y con memoria; las células, que vemos respirar. La física y la biología más recientes lo confirman.

El pensamiento védico se encuentra bajo el dominio de una metáfora: la del alimento. La genuina solidaridad no es la que se produce entre el amante y el amado, el padre y el hijo o el siervo y el patrón, sino la que se da entre el lobo y el cordero. Los seres vivos están atados por el alimento. Nos devoramos unos a otros y juntos crecemos. Ésa es la solidaridad del mundo natural, el conmovedor *páthos*, la patética trama del ciclo de la vida. Trascender el alimento no es cambiar de dieta. El que ha logrado la perfección es el que está unido a la Tierra. No entres en el cielo, deja que el cielo entre en ti.

Sobre las propias ideas. El filósofo nunca puede estar profundamente convencido de sus principios: su fe procede más bien de ciertas emociones infantiles y, sobre todo, de cierto idealismo temperamental, asociado a una imaginación creadora, al que nunca debería renunciar. Cuando asume un dogma y crea un sistema o una escuela, no hace sino escoger el mal menor y difundir con ello una tendencia, una orientación, un enfoque, aunque siempre es consciente, como el personaje de Groucho, de que podría tener otros principios. La vida del pensamiento no puede ser un jardín cerrado. Ese no aferrarse a las propias ideas, ese saber observarlas desde fuera e incluso ver su cojera y sus debilidades, es una de las principales enseñanzas de la vacuidad budista. La filosofía no es una excrecencia del yo. Puede responder a una configuración interna (así es en el creyente), pero si no permite la distancia, si no se deja ver desde fuera, entonces no se logra alcanzar el *nivel* que proponían los budistas de la escuela de Nāgārjuna. Algunos utilizan sus creencias filosóficas para robustecer el yo, y entonces el pensamiento no libera sino ata, y bien fuerte.

La verdad tiene siempre un pie en el campo enemigo. Todo el mundo posee sus razones, y éstas obedecen más a cuestiones emocionales que silogísticas. No es un asunto de inferencias o deducciones tanto como de sentimientos. Hume lo sabía muy bien. Sin embargo, el convencido execra a los tibios, que defienden que cada cual tiene sus razones; a los relativistas, que son los colaboracionistas de todos los tiempos. Si no estás conmigo, estás contra mí. Cuando la cosa se pone fea, nos dicen, hay que tomar partido. Pero quien no sabe dividirse, nos advierte el budista, quien no sabe vivir una vida del pensamiento multiplicada, reconocer el pro y el contra, se engaña a sí mismo al asumir una solidez ilusoria, ciega.

En nuestro tiempo, el que no cree no puede evitar sentirse superior al creyente. Pero vivir con una causa es mucho más emocionante que vivir sin ella. En los Evangelios se dice repetidas veces que el reino está cerrado a los ricos y a los inteligentes. Por eso algunos prefieren hacerse el tonto y asumir la canalización y orientación de las creencias que impone la dogmática. Pero se puede aprender mucho de estos tontos, simplemente hay que abrirse al misterio en lugar de descartarlo *a priori*.

La aspiración a lo divino no es ilegítima. «Buscad y hallaréis.» Y, sin embargo, hoy es tabú. Algo que nunca había ocurrido en la historia de la cultura. Si se admite que la vida es un desafío, una prueba, entonces está por ver si hay una salida del laberinto. Hay razones, por débiles que sean, que nos impulsan a creer que cierto conocimiento es posible; al menos, vale la pena intentarlo y dedicarle una vida (o dos, o las que hagan falta).

Para terminar el capítulo, tres enseñanzas de la *Bhagavadgītā*:

1. Reconoce la propia naturaleza y actúa conforme a ella. Es decir, todos los caminos llevan a Roma. Según el clásico hindú, hay tres grandes categorías de seres humanos: los que se inclinan por la acción, los que se inclinan por el pensamiento y los que se inclinan por la devoción; o sea, el emprendedor, el filósofo y el devoto. La *Gītā* prefiere la última categoría, pero se trata de tres caminos legítimos y transitables, pues los tres llevan a puerto seguro. El error consiste en confundir la senda que está en tu naturaleza con otra a la que no perteneces. «Nací con esta costumbre, crecí con esta naturaleza y soy lo que el destino ha querido que sea», dice el sabio taoísta.
2. Distingue el alma del espíritu, la naturaleza de la contemplación.
3. Opta por un deseo irónico. Hay que saber distanciarse de las propias ambiciones, verlas desde fuera, someterlas a la carcajada o a la sonrisa (según el carácter). No por ello debe dejar uno de luchar, pero ha de hacerlo con otro espíritu.

IV

TIEMPO

> ... el cielo, vueltas dando,
> las horas del vivir le va hurtando.
>
> Fray Luis de León

La herida del tiempo. La vida es tiempo, pero no hay un tiempo ahí fuera que transcurra al margen de la vida. Quienes lo niegan apelan a un tiempo uniforme y sideral, al tiempo que marcan los relojes, asociado al desplazamiento de la Tierra alrededor del Sol y ajustado mediante relojes atómicos. Un tiempo supuestamente objetivo por estar fuera de nosotros; un tiempo *en sí*, heredero del tiempo absoluto y abstracto que conjeturó (recordemos que fue una hipótesis) Isaac Newton. Pero ése es un tiempo espacializado y convencional. Los relojes no miden el tiempo, miden otros relojes. La idea misma del tiempo depende de la sensibilidad. La biología se acerca al tiempo de la vida. No en todas las etapas vitales se es igualmente sensible a su paso: el tiempo fisiológico corre más despacio en el niño que en el anciano. No se trata de una ilusión, es un hecho mensurable. El ritmo de la vida celular sigue siendo más importante para nosotros que el indiferente ritmo de los planetas.

El tiempo no es el uniforme transcurrir de las horas que registran los relojes, sino el tiempo desuniformado de la vida, fugaz en la vejez y pausado en la infancia. Tiempo impaciente y tiempo evanescente, tiempo perdido y tiempo recobrado. La escala de observación crea el fenómeno, y el fenómeno del tiempo, quizá el más vital de todos los fenómenos, no debe ser desposeído de la suya. Todos tenemos una edad legal (un tiempo sideral), pero cada día nos topamos con ancianos juveniles y con muchachos avejentados.

Debemos a Lecomte du Noüy la idea de un tiempo fisiológico (lo que los poetas de todas las épocas han llamado la *herida del tiempo*). El tiempo hiere, pero las heridas tienen también su tiempo, su duelo, y de esa duración se ocupó Du Noüy en hospitales de campaña, donde estudió la cicatrización de las heridas de guerra. Dichas investigaciones confirmaron lo evidente: que el año solar del anciano iba más rápido que el del niño. Y eso que para el positivismo sería una impresión engañosa se podía comprobar científicamente analizando el tiempo de cicatrización de las llagas en individuos de diferentes edades: lo que a los veinte años se cura en diez días requiere un mes a los sesenta. La razón es tan simple como que la energía de crecimiento de los tejidos disminuye con la edad. En sesenta minutos de reloj, el niño ha vivido fisiológica y psicológicamente lo mismo que un sexagenario en cinco horas.

Aunque tanto el tiempo fisiológico como el psicológico se miden en horas y en años, no todas esas horas ni todos esos años tienen la misma duración. El día de la efímera, en cuyo transcurso este insecto alado (uno de los más antiguos) cumple su vida, no es el mismo que el día del roble. Cuando decimos esto nos referimos a que no se pueden remitir a un mismo patrón, el del tiempo sideral. Si la edad legal (sideral) puede diferir de la edad real (vital), resulta inevitable preguntarse cuál es la realidad primera, la que debe constituir el fundamento de la otra. Para el filósofo vitalista, la elección es evidente: cuando la duración se interioriza, cuando se hace meditación, parece independizarse del tiempo sideral. Es como si cada ser vivo fuera un universo independiente, con un tiempo sideral específico. Eso parecen indicar ciertos ensueños en los que el tiempo encarnado de la vida dista mucho de ser uniforme. Los amantes de la música y del cánnabis lo saben muy bien.

Sobre el tiempo objetivo. El tiempo uniforme nació como una hipótesis planteada por Newton. Era necesario explicar el movimiento, y para ello había que encontrar un marco de referencia adecuado. Ni el Sol ni los planetas servían, pues ellos mismos se movían, así que lo mejor que se le ocurrió al genio inglés fue postular un espacio y un tiempo abstractos y absolutos. Newton sabía que ambos eran inexistentes, pero como hipótesis de trabajo podían funcionar. Gracias a la influencia de Kant, la hipótesis de Newton fue ganando adeptos y acabó por convertirse en un elemento clave del sentido común ilustrado. Ello permitió la uniformización del pensamiento cuantitativo y consolidó la costumbre científica de *espacializar* el tiempo, de hacerlo distancia.

Desde la Antigüedad, la medición del tiempo había sido una medición del movimiento. Primero fue el movimiento del Sol, que produjo los relojes solares, a los que sucedieron los de agua, los de arena y, por último, los cronómetros. En todos los casos había algo que se desplazaba (agua, arena, agujas) y alguien que observaba. Finalmente llegaría el tiempo pulsante con el reloj atómico, cuyo tictac remite a las vibraciones (percibidas) del átomo de cesio. La uniformidad del tiempo se enmarca siempre en lo que ha dado en llamarse la *construcción de la objetividad*, que tiene una naturaleza convencional y forma parte de un acuerdo entre seres conscientes.

Si el sistema solar sufriera una perturbación gravitatoria que alterase la rotación y la traslación de la Tierra, los años y los días podrían acortarse respecto a la vibración del átomo de cesio. Lo mismo podría suceder con una perturbación radiactiva en el cesio. Ambos fenómenos ponen de manifiesto que se trata de relojes que miden otros relojes. Sin embargo, las ventajas sociales del tiempo uniforme son incuestionables. Hay un tiempo legal, uniformado y burocrático, para la admisión de recursos, las condenas o la edad de jubilación, para el pago de los créditos, la duración de los partidos de fútbol o los récords olímpicos. Un tiempo común, indiferente a las heridas de cada cual.

A principios del siglo XX, algunos científicos empezaron a advertir que los patrones para el estudio de lo inerte no se aplicaban a la vida, porque ésta no podía reducirse a una serie de fenómenos físico-químicos. Lo orgánico hacía valer sus derechos: había algo *emergente* en cada unión, lo que tenía consecuencias en los organismos más complejos. Esa crítica se extendió a la propia física, cuna del tiempo uniforme. El tiempo newtoniano, magnitud absoluta idéntica para todos los observadores, fue desmentido por la relatividad. Einstein se preguntó si, dado un acontecimiento concreto, todos los observadores coincidirían en considerarlo pasado o futuro. La conclusión fue que no había forma de justificar la noción de *simultaneidad* al margen del observador: dos observadores moviéndose uno respecto a otro difieren sobre qué eventos suceden al mismo tiempo. Lo que significa que cada forma de vida (cada observador) tiene su propio tiempo interno, aunque Einstein lo formularía de un modo más aséptico: la medida del tiempo depende del sistema de referencia. No todos los seres navegan a la misma velocidad, como ponen de manifiesto la efímera y el roble. El antes y el después están supeditados a la vida y a la percepción (sea esta última consciente o inconsciente), lo que la relatividad llama el *observador*. Desde este punto de vista, los relojes dejan de funcionar al unísono y no es posible establecer un acontecimiento o suceso al margen del observador. El tiempo puede dilatarse o contraerse, no hay un tiempo único y absoluto para todos los observadores. El tiempo sideral es un fenómeno local, parte del folclore del sistema solar, y una magnitud cuestionable desde una perspectiva más amplia.

Cabría preguntarse cómo el tiempo de los relojes podría determinar la evolución de las artes o hacer avanzar el conocimiento. El tiempo de la vida es todo menos uniforme. No todas las épocas tienen el mismo valor. De ahí la importancia de la educación. La velocidad no es constante a lo largo de la vida; la capacidad de atención, tampoco. Una filosofía de la percepción será aquella que no se sienta obligada a buscar una realidad uniforme detrás del escenario de los fenómenos. Que sepa detenerse en la representación sin dejarse inquietar por ella, que aprenda a ser fruto de aquello que contempla. Si lo que contempla es rostro o persona, ese freno hará posible la identificación afectiva y la empatía.

No han faltado experimentos para modificar el crecimiento alterando la percepción del tiempo, en cultivos de células, en animales de sangre fría como las moscas o en plantaciones de marihuana. Hay una toxicidad derivada de la alimentación y la reproducción.

¿Es dicha toxicidad lo que nos permite medir la edad *real* del organismo sin recurrir a patrones externos? ¿Hay una velocidad natural de lo vivo? ¿O esa velocidad está supeditada a la de un organismo superior del que todo lo vivo siempre acaba formando parte? Cuando tratamos de medir la marcha del tiempo fisiológico siempre nos topamos con que el índice de cicatrización y el índice de crecimiento son elevados en la infancia y van disminuyendo con la edad. Los excesos y las fatigas (y los estados mentales asociados a ellos) influyen más que las revoluciones de la Tierra. La pregunta es si el tiempo interior puede desligarse de la sucesión de los días, del movimiento planetario. Para Du Noüy era evidente que lo sideral no tenía por qué ser el cañamazo sobre el que se borda la existencia. Jóvenes y ancianos viven a diferentes velocidades, de ahí que no se entiendan: hablan a destiempo.

El tiempo se demora en el niño y huye en el anciano, y esa huida puede ser un cáncer. Cuando sufrimos una herida, las células limítrofes, hasta entonces inactivas, comienzan a multiplicarse para cerrarla. Una vez hecho esto, si están sanas regresan a su estado previo, pero si están enfermas no cesan de dividirse y se transforman en un tumor. Saber curar las heridas es una de las destrezas del arte de vivir, como lo es ralentizar el frenesí del crecimiento y la reproducción. Hay un episodio de la leyenda de Buda, la conversión del bandido Angulimala, que explica bien esta situación. Estamos hablando de una pausa, de un ir a contracorriente del ajeno, frío e implacable tiempo sideral.

La rana que vive en la charca no sabe lo que es el mar. Ni los insectos del verano lo que es el hielo. El mar y el hielo quedan fuera del alcance de su experiencia. Lo mismo ocurre con el tiempo. El sabio taoísta se acerca a Bergson. «Mira esta seta, nace al amanecer y antes de que anochezca ya murió», de modo que nada sabe del paso del día a la noche. La cigarra veraniega desconoce qué es el otoño. Para las tortugas que viven en los mares del Sur, o para los cedros de la Antigüedad, quinientos años son una primavera. El tiempo es una experiencia mental. No corre a la misma velocidad para todas las mentes. El sosiego de la mente cura las enfermedades.

Calipso le ofrece a Odiseo la posibilidad de sustraerse al tiempo, la insidiosa tentación de la inmortalidad, de convertirse en un dios, ajeno a la necesidad de alimentarse y a la transformación. Desconfía de quien te robe el devenir prometiéndote lo eterno.

La Tierra respira. Lo que llamamos *viento* es el aliento de la Tierra. También sueñan las estrellas al moverse. Los taoístas lo denominaban las *flautas del cielo*. El mensaje divino se escribe en el hueso de una tortuga. El *chi* es el soplo divino, el vapor que desprende el arroz cuando se cuece. Todo está vivo e imagina. Todo sigue la ruta de las transformaciones. De la oruga a la crisálida y de ésta a la mariposa. El Tao nació por sí mismo y la esencia de todos los seres es el soplo. Inversión de valores: los maestros no son los eruditos, sino los artesanos y los amanuenses, es decir, los que viven de acuerdo con el Tao. La ética y los preceptos morales son como las bridas para el caballo: violan la forma natural del hombre, matan su naturaleza.

> El matemático, como Demócrito, se arranca los ojos para pensar.
>
> BORGES

Resulta fundamental distinguir la experiencia del experimento. La filosofía es el ámbito de aquélla, no de éste. Es evidente que en los dominios de la experiencia se incluye el experimento, y que la experiencia es un experimento con uno mismo, de ahí el legítimo acceso de la filosofía al laboratorio, renovado a principios del siglo pasado con el auge de la física cuántica. Sin embargo, en nuestros días el laboratorio, que antes era un lugar dedicado exclusivamente a los experimentos (cuyo interés es lo cuantitativo) y a un tipo particular de experiencias (más o menos tediosas y mecánicas), domina todas las áreas del conocimiento. Lo cuantitativo (el número) se ha apoderado de lo cualitativo (la emoción). No es de extrañar que impere la antropología mecanicista, en la que el individuo se encuentra a merced de descargas neuronales y programas genéticos. El automatismo del laboratorio nos ha convertido en marionetas biológicas.

Sería recomendable que, en lugar de plegarse a la antropología mecanicista, la filosofía se desembarazara de ella. A la filosofía le interesa el hombre entero, vivo, no el descompuesto o el cadáver. Bergson se opuso a la idea de cuantificar la sensación. No es posible medir lo que no admite la superposición. Tanto lo estético como lo afectivo son esencialmente cualitativos. Lo mismo cabe decir de las sensaciones, preñadas como están de innumerables sentimientos, ideas y recuerdos que colorean el conjunto de la vida psíquica y que no es posible cuantificar. Tres lámparas no producen una impresión visual tres veces más intensa. Un calor más intenso es, estrictamente, *otro* calor.

El culto a lo cuantitativo tiene su reflejo en la sociedad moderna, consagrada como está a la depredación, a hacerse con todo el botín. Codicia de títulos en el deporte, de honores en el arte y las profesiones, de recursos en los Estados y los individuos. Aunque se trata de una inclinación tan antigua como el hombre, nunca había estado tan extendida ni había sido tan vitoreada. Una ceguera desmentida cotidianamente por el hecho mismo de la percepción y la actividad cognitiva. El síndrome de la acumulación, ya sea de bienes que no han de usarse o de conocimientos que no han de practicarse, es uno de los síntomas más lacerantes del mundo de hoy. Una enfermedad que hace mella en lo más valioso de la cultura mental, el ejercicio de la atención consciente, y cuyos efectos secundarios son la alienación y la soledad. Ya no importa cómo existir sino qué lograr, y la existencia misma, esa antigua fuente de goce y recreación, se vacía de contenido. ¿Es posible una mayor indigencia?

En la Antigüedad, la existencia misma de las cosas se fundaba en la participación. Se participaba, en mayor o menor grado, ya de una idea o forma en el caso platónico, ya de una sustancia en el caso aristotélico. Y no sólo eso, sino que el propio concepto de *relación* (la posibilidad misma de no estar solo) se fundaba en dicha participación. Dos individuos podían relacionarse uno con otro si ambos participaban de algo que estaba más allá de ellos mismos. Como si la existencia de un lenguaje común, ese que permite la complicidad, exigiera que dicho lenguaje fuese de alguna manera autónomo, que trascendiese las cosas. La Antigüedad no es necesariamente una época lejana: bien podría designar una forma realizable. Se ha perdido el sentido del mundo (Novalis) y nos hemos quedado absortos en las letras, las cifras, las grafías. Hemos olvidado que todo acontecer es orgánico, propiciando de este modo que la naturaleza se haya quedado muda, que haya dejado de manifestarse. Es hora de avivar los viejos rescoldos.

> Si alguien le preguntara a la Naturaleza cómo funciona, y si ella graciosamente consintiera en hablar, contestaría que no desea que se la perturbe con interrogatorios sino que se la entienda en silencio, del mismo modo que ella permanece en silencio y obra sin palabras.
>
> S. T. Coleridge

(Co)incidencias. La imaginación puede liberar al alma de su aprisionamiento en los *hechos*. Es copartícipe de la percepción, es la que interpreta el mundo. Y lo interpreta en el sentido instrumental del término: lo toca, lo vive en participación con la totalidad de las imágenes que conforman el mundo. Frente a ella, la fantasía no es más que una modalidad de la memoria, emancipada de la atadura del espacio y el tiempo (por eso los recuerdos son siempre sospechosos). El mundo no es la emboscada de un genio maligno, como sostienen los existencialistas, ni el teatro de títeres del delirante demiurgo del azar, como afirman los neodarwinistas. Hay imágenes de luz diversa, correlación entre ser y conocer. La imaginación, dicen los poetas, repite y evoca el acto creador, libera al individuo del despotismo de la circunstancia. Imaginar es participar de la energía creativa del cosmos.

Que la exterioridad está hecha del mismo material que la interioridad fue un tema recurrente en la época clásica. Este planteamiento justificaba y hacía posible que el alma participase de todo aquello que contemplaba. El mundo no estaba constituido por dos sustancias heterogéneas, ni era lícito tomar lo objetivo por lo primordial y explicar entonces el advenimiento de lo subjetivo. La edad moderna se despierta del sueño de la participación y se erige como la era del espacio y la exterioridad. Rompe con la propuesta de Berkeley de que todas las cosas tienen como naturaleza la percepción. Y la idea de una exterioridad que domina a la interioridad deviene incuestionable (el existencialismo ha terminado por colarse en el laboratorio). La causa eficiente se hace fuerte, mientras que la causa formal y la causa final se convierten en un incordio para las disciplinas científicas. Fuego en el paraíso y agua en los infiernos. La imagen tiene su propia energía y poder formativo. Y no sólo lo cromático puede ser imagen, sino cualquier objeto de atención consciente: sonido, pulsación o música. El mecanismo de la reproducción de impresiones es asociación (memoria) y causa eficiente (ocasión). Es esa fusión de interioridad y exterioridad la que justifica la desconfianza ante la hegemonía de cualquiera de ellas por separado.

Tanto el existencialismo como el cientificismo viven dentro del mito de una memoria pasiva a merced de un despotismo exterior. Almas almacenadas en un sótano que comparten la sensación de un cosmos hostil y postulan un ego *frente* al mundo y no *en* el mundo (participando de él). Almas que halagan la vanidad. Sin embargo, también nos acaricia el aire que respiramos, también nos mece. Sucede la vida y la contemplamos. Y esa contemplación forja un sujeto. La vida moral e intelectual no puede reducirse a impactos, movimientos, grados de velocidad. Vivimos todavía dentro del mito de lo impenetrable, forjado por la filosofía natural del siglo XVII.

Escribe Coleridge: «La voluntad, la razón, el juicio y el entendimiento, en vez de ser las causas determinantes de la asociación, deben ser tenidos por sus criaturas». La metáfora, esa costumbre de unir esto con aquello, nos hace. La semejanza es el paño común donde se tejen las diferencias. Una atracción que Empédocles consideraba fundacional, un principio amoroso, un origen magnético de todo lo que es. La metáfora sería a la mente lo que la gravedad a la materia: un principio solidario y de unión. El enlace atómico y gravitatorio tiene su contrapartida en el enlace mental: la simpatía.

Estos lazos duraderos que acogen huertos de valores invitan a una reflexión. El cuerpo no es una sustancia que ocupa un espacio. La divinidad conserva su morada en estos huertos. Ocupamos su espacio penetrados por ella, de ahí los frutos. Aliento y vida es dentro y fuera. Toda coraza es sepultura; toda impenetrabilidad, mortaja. ¿Dónde se encuentra el amor? ¿Acaso se ubica en un lugar? El alma no es un problema, es posibilidad y vivencia. Encerrarla en el sótano es un atentado contra la vida. El cientificismo presenta una materia sin interioridad. El movimiento sólo puede producir movimiento y hacer esclavos del impulso. Detengámonos. De nada servirá ir levantando capas en busca de la entraña si seguimos representándonos al sujeto como algo impenetrable (partícula o átomo), obstinado, irreductible. Sujetos incapaces de rendirse, de dejarse invadir, de sumergirse y llenarse de aliento ajeno.

Hay una misteriosa física que rige las escalas subatómicas. En ella, una partícula puede estar en dos sitios a la vez, y dos partículas entrelazarse y actuar como si fueran una sola, por más lejos que estén una de otra. Todo el asunto de la dualidad onda-corpúsculo, y quizá del problema mente-cuerpo, puede reformularse del siguiente modo: ¿por qué no permitir que las cosas nos hablen de dos maneras?, ¿por qué no aceptar dos acordes complementarios que sean igualmente necesarios? Hay quienes dividen los reinos y creen en un lenguaje interior, el del pensamiento, y otro sensible, el de la percepción. ¿No se podrían considerar como dos aspectos diferentes de un único reino, de una misma experiencia vital?

Hay quien postula un tercer reino. Según el mito platónico, la parte superior del mundo alberga, ingrávido, el ámbito inmaterial de los significados, mientras que en la inferior, dotada de peso, se encuentra la experiencia sensible de los cuerpos. Pero el mundo real es trino: entre esos dos mundos, el sufismo colocó un intermundo, el *octavo clima* o *mundo imaginal* de las almas. No es ficción, no es un mundo de fantasía, sino una *imaginatio vera*: la realidad del símbolo puede ser más incontestable que la del mineral. Tenemos, pues, tres reinos: el del intelecto, el de la imaginación y el de la sensación. El reino intermedio sirve de eje del mundo, ya que comparte las virtudes de los otros dos. De ahí que se llame *barzaj*, o «lugar de encuentro», donde los cuerpos se espiritualizan y los espíritus se materializan, una tierra celeste de cuerpos espirituales. Esos tres mundos, que la cosmología persa representa estratificados jerárquicamente, están de hecho entretejidos y ejercen su influencia en el aquí y el ahora. Por eso el viajero en busca de esos tres mundos recibe en el sufismo el apelativo de *dueño del instante*. Es aquel que atiende a su condición originaria.

¿Y por qué se evita aquí el término *realidad*? Porque el acto mismo del conocer podría ser esencial para el destino del mundo. Esto no implica un subjetivismo, sino más bien una tarea. Es muy cierto que el pensamiento no resuelve los problemas; los resuelven la vida misma, la situación, el acontecimiento. Ante el acertijo del mundo, la solución no puede ser nunca una proposición o un conjunto de ellas (lo que convencionalmente llamamos *filosofía*), sino una actitud y un hacer: un estar en el mundo y una cultura mental; un modo de disciplinar la imaginación que no sea independiente de ese estar en el mundo.

¿Qué significa decir que el acto de conocer resulta esencial para la evolución del mundo? En primer lugar, que no somos simples observadores, que participamos de la hechura del mundo, que lo que el mundo sea o deje de ser depende en cierta medida de nosotros. No vemos las cosas como son, vemos las cosas como somos. El viejo dicho talmúdico no es una defensa del subjetivismo, sino de la participación. Y nadie es insignificante aquí, pues nadie hay que no sea eterno y no lleve en sí la semilla de lo infinito. ¿Qué quiere decirse aquí con *infinito*? El infinito, decía Spinoza, es aquello que carece de partes. No son unos puntos suspensivos o un etcétera. El infinito es más bien lo contrario de la acumulación, es singularidad irreductible, imposible de añadir. Es origen.

Es lo mismo que decir que el conocimiento del mundo no es algo que se agregue al mundo, a un mundo que ya es y en el que se nace y se conoce, y al que se añade algo nuevo. No. En todas las fases anteriores, en el nacer, en el conocer, en el añadir, ya se participa de la hechura del mundo, de aquello en lo que el mundo se va haciendo. Donde dije digo, digo Diego. El ser es un estar haciéndose. Donde se dice *es*, debería decirse *se está haciendo*. El mundo no está acabado y ser es *estar haciendo* (hacerse, hacernos y hacerlo): desde el caracol hasta la berenjena, los seres cocrean el mundo.

Algunas antropologías (el *sāṃkhya* indio, por ejemplo) distinguen cuerpo, alma y espíritu. A veces, a estos tres componentes se añaden otros: un cuerpo etérico y un cuerpo astral. El cuerpo etérico es una fuerza vital que configura y anima los minerales que integran el cuerpo físico (y que se abandona en el momento de la muerte), mientras que el cuerpo astral *(liṅgaśarīra)* lo constituyen nuestros sentimientos y emociones, nuestros gustos y aversiones, y está ligado a los ciclos cósmicos.

En todas esas antropologías se percibe la distinción entre una emoción cálida, el alma, y una emoción fría, el espíritu. Mientras que el alma es personal, idiosincrásica, específica de cada encarnación, el espíritu trasciende la personalidad, es la inteligencia anterior al sentido del yo en el *sāṃkhya*. Es el factor mental que, en medio de las emociones, en la alegría o en la decepción, observa indiferente la situación, como desde fuera. Una orientación que lo dota de una singular objetividad.

Llegas al mundo como una flecha dirigida al calor y a la leche materna. Gradualmente te adentras, sin saberlo, en un laberinto de deseos. Ya de lleno en la vida descubres, en medio de un sinfín de encrucijadas, que no eres tu sangre (como te habían enseñado), ni tu nación, tu religión o tu idioma, que todas esas cosas se adhieren a ti pero no son tú. Y más tarde, cuando adquieres cierta sabiduría, comprendes que tampoco eres tu temperamento (a veces, ese temperamento incluso te irrita o te harta) ni tu cuerpo (que te falla en el momento más inoportuno), ni siquiera tus deseos (que te hastían y te llevan de aquí para allá). Y empiezas a sospechar que esa idiosincrasia te resulta ajena, como el país o la familia donde naciste. Entonces, ¿quién eres? Eres ese que debe vivir con todas esas cosas, y tienes tanto derecho a quejarte de tu perezosa o abnegada alma como del clima o de los ancestros. Te has encontrado con tu alma, el destino te ha unido a ella como podía haberte unido a la mujer amada. Pero tu alma no eres tú. Esa extrañeza es la emoción fría. Es el espíritu. Familia, nación, lengua, alma y voluntad: lo que unos llaman *destino* y otros *karma*; con todo eso tienes que vértelas. Somos ese que lidia con su alma, con su carácter, con su cuerpo; ese que se siente mecido, transitado por ondas extrañas, y quiere realizarse en ellas.

La experiencia del pensamiento es consustancial a eso que llamamos *vida*. La acción recíproca entre la idea y la percepción es la respiración misma de ese constante hacerse a sí mismo que es la vida. Una recreación continua que es pura y palpitante objetividad. Nótese que aquí resulta imposible contemplar el asunto desde fuera. Lo vivido no admite perspectivas externas, tampoco abstracciones. Puede ser drama, nunca pintura o arquitectura. Quizá la música, que carece de contornos, o la experiencia del color sin figura sean lo que mejor ilustra la esencia de lo vivo. De ahí que ambos, el color y el sonido, sean esencias naturales del arte de la meditación.

El alma evoluciona, a diferencia del espíritu. El alma es subjetiva, es destino; el espíritu es lo único objetivo. El *sāṃkhya* lo plantea del siguiente modo: mientras que todo en el mundo evoluciona o involuciona, el espíritu original, conciencia sin contenido, se mantiene expectante e inalterable. La vida del alma es drama, el alma se eleva o abisma, evoluciona como todas las cosas (lo que llamamos *mundo* es precisamente esa transformación constante), como la planta y la estrella, como el vino y la cosecha. Pero el espíritu no evoluciona, y de su reflejo inmóvil todos tenemos un destello, más o menos punzante, más o menos aterrador.

La filosofía consiste en estudiar con simpatía las diversas formas de pensamiento que ayudan a vivir. Conviene distanciarse de la propia sombra. Hay formas de vivir torpes y ensimismadas que debemos reconocer a tiempo. *Con simpatía* significa «desde dentro», interiorizando el pensamiento de otro para encontrar su utilidad para la propia vida. Esa alquimia altera provisionalmente las premisas que trajimos al mundo. Quizá sea éste el único modo de que el pensamiento sazone el estado de ánimo del gen local.

Algunos se quejan de que no han elegido venir a este mundo, que nadie les ha preguntado. ¿Cómo pueden estar tan seguros? ¿De dónde procede esa sensación de estar *frente* al mundo, de sentirse *arrojado* al mundo? Halagos de la vanidad. No somos tan especiales. El hombre no está *contra* el mundo, sino que *es* mundo y participa del mundo. Lo que pueda achacar al mundo, también puede achacárselo a sí mismo. Hay algo complaciente y ensimismado en el existencialismo, en el hecho de sentirse una excepción, de encaramarse al pedestal y juzgar el mundo cruel e indiferente. De ahí su engolamiento: el yo se esponja y reclama sus derechos a perpetuidad. Y seguimos en las mismas.

El existencialismo se defiende argumentando que esa sensación, ese sentirse *arrojado* al mundo, forma parte del mismo mundo, que ese desarraigo es el origen del filosofar. Hay algo de verdad en ello. Dada la excentricidad del origen, no se elige la relación con el mundo, ni la angustia que provoca, sino que esa relación se va haciendo, son la materialidad del mundo y su indiferencia hacia nosotros las que la producen. Vemos que hay individuos con un buen aparataje para estar en el mundo y, por el contrario, otros heridos por el mundo. Y se cree que los segundos no eligen ser mundo, que el existencialismo sirve como una especie de ejercicio simbólico para pensar ese desarraigo. Un intento de explorar esa herida subjetiva y crujiente. Ésa es la cuestión: algunos vienen al mundo angustiados y su angustia forma parte del mundo. El asunto es cómo lidiar con esa angustia, y ahí entran la educación y las distintas formas de vida, las del ciudadano moderno o las del indígena, y toda la mitología asociada a sus respectivos mundos. El existencialismo supone ya cierta decadencia, cierto aburguesamiento sensiblero.

Otra de las formas que adquiere nuestro provincianismo moderno es la fiebre del análisis. Algunos creen legítimo juzgar una obra desde los bastidores, y hay quienes se sienten como en casa en la cárcel metodológica (el límite de un problema no coincide con el del método para resolverlo). Hacerse a la escena, participar de ella, requiere más atención que descomposición. No es que no haya un *revés de la trama*, es simplemente que ese revés no basta para explicar la trama. Dice algo, claro, pero no lo suficiente.

Si la persona singular no es descomponible en sus elementos ni es extraña al mundo, como sostenían la filosofía analítica y el existencialismo que dominaron el pasado siglo, ¿qué es entonces? Si hay que huir de la retórica de lo elemental y del viejo sentimentalismo gnóstico, ¿qué queda del yo consciente? Hay una solución antigua que la física moderna, con todo su aparato matemático, complejo y sutil, nos pone en bandeja. El observador es parte integrante de cualquier fenómeno. El universo es lo que aparece a través del filtro del yo, de ahí la necesidad de la cultura mental, que es un modo como otro cualquiera de limpiar ese filtro (cómo afrontamos las dificultades, qué elegimos pensar y qué no, si somos capaces de sacarnos las cosas de la cabeza o no podemos dejar de pensar obsesivamente en ellas). El yo carece de sentido si se lo aísla del fenómeno, si se lo enfrenta al mundo. Cuando el biólogo investiga una célula, lo más interesante no es la célula, sino el conjunto biólogo-célula. Este enfoque nos religa al mundo. Nos hace en cierto sentido indistinguibles del mundo. El analista niega, consciente o inconscientemente, uno de los términos del binomio; el existencialista lo exagera. Pero no podemos concebir uno sin el otro, y cualquier amputación resulta catastrófica. Observar es elegir: he ahí la libertad. La angustia o la confianza la deciden este tipo de elecciones.

Mentes singulares y metáforas compartidas. Entre los devotos de las experiencias y los devotos de las abstracciones se dirime la historia de la filosofía. Aunque hay otras etiquetas, los primeros suelen llamarse *empiristas* y los segundos *racionalistas*. Los racionalistas aman las leyes y los principios eternos, se subsumen con gozo en la abstracción, mientras que los empiristas prefieren la cruda variedad de los hechos. La elección es cuestión de carácter y la actitud filosófica consiste a menudo en ocultar esa fuente, vital y sanguínea, de orientación en la temperie que llamamos *temperamento*. William James sostenía que nadie puede vivir media hora sin ser ambas cosas. Que las ideas no se encuentren en el séptimo cielo, intocables y puras, no significa que no estén detrás de cuanto pensamos o decimos. Ningún empírico, por muy radical que sea, puede resistirse a arrojar una nueva salva de vocablos.

Hay experiencias e intuiciones liberadoras lo bastante convincentes para que uno tenga la sensación de apropiarse de un orden eterno, o de entrar en él. El cultivo de esa singular atmósfera interior, sean cuales sean sus representaciones simbólicas, supone una renovación positiva. No se trata de un simple ensueño, sino que responde a la vieja asunción de un dios repartido. La divinidad vive en los corazones y no ahí fuera, al margen de los seres, como entidad autosuficiente. Spinoza lo decía así: el modo (persona, planta o mineral) es constitutivo de la sustancia (una, eterna y con infinidad de atributos). El destino de esa divinidad (aunque el término *destino* es quizá excesivo) se encuentra vinculado al de los seres. Los budistas meditaron sobre ello: una comunidad de destinación en la que el *destino de Dios* (por hablar a la manera occidental) está en juego en cada existencia particular, en cada vida concreta. Por supuesto, la intuición de dicha presencia excede cualquier formulación verbal o simbólica. Los hombres tratarán de darle salida mediante cultos, hábitos mentales o representaciones simbólicas que, en el mejor de los casos, arropen lo que en principio fue una intuición desnuda. Liturgias, cánticos y vidrieras: todos ellos modos de sintonizar con una experiencia y darle cuerpo pese a su resistencia a tenerlo. Intentos, más o menos torpes, de restablecer el contacto. Algunas tradiciones reducen la liturgia a una escenografía mental, privada, pero esa privacidad no es tal. En los modelos y en las metáforas que ayudan al iniciado a desplegar su propio espacio mental, se encuentra ya lo colectivo, lo que una tradición comparte, las vías que fueron transitadas y transmitidas.

Es difícil que los modelos matemáticos o mecánicos puedan dar cuenta de esta situación. Las abstracciones son demasiado pálidas e impersonales para servir a las narrativas que suscitan dichas experiencias. Hacen falta elementos más dramáticos y coloristas. Las metáforas del rayo o el umbral, de la morada oscura o del vacío sirven mejor a este propósito. En este sentido, la crítica científica del egotismo místico resulta inocua. No sólo por lo dicho sobre las metáforas colectivas, sino porque es razonable pensar que la médula de lo real sólo penetra en espacios concretos y personales, en lo que podrían llamarse *singularidades*. Eckhart, Böhme o Kierkegaard son buenos ejemplos de este tipo de singularidades, también Ibn Arabí o Juan de la Cruz. A partir de esos vehículos particulares la experiencia genuina, convertida en narrativa, desarrolla, como si del crecimiento de un órgano se tratara, inclinaciones colectivas y participativas.

El divorcio entre el hecho científico y la experiencia mística (en la que el individuo ve incrementada su energía espiritual) es resultado de un proceso histórico que, en Europa, se remonta a la querella entre ilustrados y jesuitas. Un conflicto de intereses que continúa en el seno mismo de las ciencias, donde apenas hay temas sobre los que las diferentes disciplinas se pongan de acuerdo. Y es comprensible si asumimos que cada ciencia trata de imponer sus vocabularios y métodos a las demás. A ello hay que añadir la continua batalla por la legitimación, el prestigio y la financiación. Ante este estado de cosas, cualquier afirmación sobre la *ciencia*, como si fuera un todo monolítico y disciplinado que avanza en una única dirección, resulta cínica o simplemente ingenua. No hace falta remitirse a Kuhn, basta con haber sido testigo de cómo se legitiman ciertas líneas de investigación y se bloquean otras. Lo que el ciudadano de a pie llama *ciencia* no es en absoluto un fenómeno impersonal, sino la pugna de diferentes disciplinas por consolidar sus metodologías, justificar su financiación y asegurar su supervivencia. De hecho, cada disciplina es una excentricidad, una perspectiva sui géneris del mundo cuya utilidad será efímera. Del mismo modo que cada semana desaparecen lenguas indígenas o especies animales, también lo hacen continuamente enfoques y perspectivas científicas. El nuevo problema, ante el que los antiguos esbozarían una sonrisa, es que las humanidades parecen necesitar de las ciencias de laboratorio para legitimarse.

Hume se atrevió a reducir la tan cacareada causalidad a una experiencia epistémica: no era un fenómeno de las cosas, de los objetos físicos, sino de la mente (memoria y percepción). Durante el auge de la física subatómica parecía que los nuevos descubrimientos legitimarían la intuición de Hume, pero fue sólo un espejismo y el modelo mecanicista continuó siendo el hegemónico. La genial observación del escocés, de tono muy budista, no ha sido asimilada.

Jung supo ver que el trasfondo de lo sensible contiene una singular afluencia de energía. Nuestro estado de conciencia ordinario es sólo uno de varios estados posibles. En ocasiones podemos asomarnos a ciertos estados expandidos de conciencia y contemplar las vías por donde se filtra su energía. Son experiencias que me resisto a llamar *superiores*, y no por falta de humildad. La necesidad de dichos trasfondos me parece incuestionable. Y también que el destino se decide a ambos lados. No somos marionetas a merced de unos bastidores donde se deciden nuestras creencias e inclinaciones. Hay una complementariedad entre ambos mundos, aunque difieran en su grado de eficacia.

Frutos y raíces. La flecha del materialismo médico apuntó al espiritualismo decimonónico, con su mesmerismo y su teosofía. Algunos filósofos que llevaban un tiempo dedicados al estudio minucioso de las excentricidades *(borderline insanities)* observaron que cuando iban acompañadas de un alto nivel intelectual podían proporcionar experiencias privilegiadas. Se trataba de estudiar las cumbres de lo psíquico para ver si desde allí era posible descubrir algo sobre la normalidad. William James recogió en un libro los testimonios de individuos que habían visitado esas cumbres, un inventario de vehementes excentricidades.

Para el materialismo médico, el rapto místico tenía un origen patológico, entre el sentimentalismo y la histeria. James esgrimía un argumento convincente contra aquellos que consideraban el fervor una mera sobreexcitación nerviosa. Evidentemente, la devoción y el éxtasis podían tener ciertas causas, como las tenían un problema estomacal o el estornudo. La melancolía podía reducirse a una mala digestión; los estados expandidos de conciencia, a una disfunción del hígado. Otros preferían relacionarlos con alguna reminiscencia adolescente, con algún tipo de represión sexual (como confirmaría la carga erótica de algunas experiencias ascéticas o religiosas) o, cuando menos, con una sustitución afectiva (el cariño que faltó entonces se proyecta ahora). Sea como fuere, todos estos ejemplos en los que *se difiere* una cosa en otra suelen suscitar, en aquellos que los formulan, una sonrisa escéptica y satisfecha. Se desacredita la emoción refiriéndola al órgano (hay aquí valores no asumidos: si el órgano es el culpable, entonces admitir el rebajamiento es ya reconocer la superioridad de la emoción). La emoción pierde así sus aires de grandeza, su volatilidad, para quedar reducida a un simple trastorno del páncreas. Un ejemplo más de la superstición del origen. La concepción de la causalidad de Hume sigue sin asimilarse (asociación sin prioridad, ni temporal ni ontológica). El propio desacreditar se desprestigia a sí mismo. Como si el valor sustantivo de un estado mental se viera menoscabado por su asociación con un estado orgánico, como si esa causalidad aludida solucionara o simplificara el problema en lugar de acrecentarlo.

Esta superstición médica tiene además dolorosos efectos secundarios. Si Teresa de Jesús es una histérica o Francisco de Asís un degenerado (por citar ejemplos de nuestra tradición), ¿qué decir de los médicos que sostienen dichas creencias? Habría que decir, consecuentemente, que el hígado (y no la razón) es lo que determina sus afirmaciones. Cuando el hígado filtrase la sangre de una determinada manera, tendríamos al místico; cuando lo filtrase de otra, al ateo. Cualquier éxtasis o sequedad, cualquier entusiasmo o aburrimiento encontrarían su razón en un proceso orgánico, tuvieran o no contenido religioso.

Reducir la gama de las experiencias a la *normalidad* carece de sentido incluso desde una perspectiva médica. Desde el punto de vista artístico, es evidente: si la excentricidad tuviera un origen mórbido que hubiese que curar, se nos privaría del gozo de la genialidad. La medicina y el modo de entender lo saludable suponen ya una antropología, una concepción de lo humano. La salud del individuo, esté enfermo o sea un gurú, no es independiente de los marcos de referencia culturales, históricos o religiosos. La autopsia de Beethoven reveló múltiples patologías: cirrosis hepática, nefropatía, pancreatitis crónica y alteraciones gastrointestinales, bronquiales, articulares y oculares. Cuando abrieron el cadáver de Schiller, los médicos quedaron asombrados de que hubiera podido vivir en esas condiciones. Los diagnósticos sobre la enfermedad de Van Gogh son variados: esquizofrenia, epilepsia, una mezcla de ambas, alcoholismo, sífilis y depresión. ¿Suponen estas atribuciones una disminución del genio? ¿Deben considerarse su causa? No es razonable aceptar ninguna de las dos opciones. ¿Qué sentido tiene decir que esas manifestaciones son producidas por órganos enfermos? Cabría preguntarse qué surge de los órganos del médico que afirma la causalidad patológica del genio: probablemente, la vulgaridad más puñetera. Nada nuevo: el mediocre impugna lo que no entiende.

Hasta el más obtuso sabe reconocer una jerarquía en sus emociones, distinguir cuáles ayudan a vivir y cuáles no. Son cuestiones que nunca podrán resolverse mediante un análisis médico. William James es aquí rotundo: aunque Teresa de Jesús hubiera tenido el sistema nervioso de la vaca más apacible, eso no habría salvado su cosmovisión si ésta se hubiese mostrado poco plausible al ser sometida a juicio mediante otras verificaciones. Y, a la inversa, si su cosmovisión hubiera resistido todas las pruebas, no habría tenido ninguna importancia el grado de histeria o desequilibrio nervioso que la mística castellana hubiese podido llegar a padecer. Henry Maudsley, pionero de la psiquiatría británica, preguntaba: ¿por qué suponer que la naturaleza revela sus secretos mediante mentes normales y perfectas? Bien podría ser que se sirviera de lunáticos y excéntricos para esa tarea.

Discutir enunciados en función de su origen no deja de ser una manía académica y, en el peor de los casos, una superstición. Es demasiado evidente la insuficiencia de estas empresas. Lo decisivo y vital es su comprobación posterior: si ayudan o no a la vida, si hacen crecer o disminuir, si renuevan e inspiran o, por el contrario, debilitan. Quizá la neurosis sea una antena receptiva de mundos superiores. La prueba definitiva no es genealógica sino práctica. Frutos frente a raíces.

V

EVOLUCIÓN

De bacterias y dioses. El asunto, según los expertos, va como sigue. En una edad remota, una bacteria con forma de bastoncillo vivía en las cálidas aguas del océano (esa bacteria habita todavía hoy las corrientes rojizas que arrastran óxido de hierro). Una serie de fenómenos desconocidos hicieron aparecer un alga azul que algunos consideran pariente cercana del bastoncillo por su forma tubular y su reproducción asexual. El alga azul evolucionó y cobró una tonalidad verde, y se produjo el milagro: la reproducción sexual. Este hito propició otro invento: la muerte. En la reproducción asexual, la célula se divide en dos individuos que crecen a la par y se dividen a su vez, y esta proliferación no tiene fin. Nunca mueren. Están condenadas a ser eternamente ellas mismas, a *hartarse de yo*. Y la evolución erige así una nueva ley: si quieres sexo tendrás que morir. Por eso los poetas conciben el acto genésico del amor como una pequeña muerte. La fecundación suprime la inmortalidad del individuo, pero abre la puerta a la complejidad. De ahí que todo el mundo coincida en que el sexo es complicado. Hasta las algas lo sabían.

La evolución sólo podía enriquecer su herencia pagando este precio. Y lo pagó con gusto. El alga verde fue el primer Fausto. El individuo evolucionado, después de transmitir la vida, ha de desaparecer. La vida inteligente se hace transitiva, pero efímera. Desde la perspectiva evolutiva, la muerte es el gran invento de la naturaleza. La identidad es ahora un legado. Luego vendrán la selección natural, la adaptación y las mutaciones. Pero el momento clave es aquel en el que el alga verde debe elegir entre hartarse de sí misma o conocer, por ejemplo, que vive en un atolón de coral. Y elige conocer. Nace la libertad, y, con ella, la muerte. Nada muy alejado del mito del Génesis.

Hay algo impalpable, invisible, incorpóreo, que da vida a todo cuanto existe. Como personas, transitamos por diferentes estados: lactantes, niños, jóvenes, adultos y ancianos. En todas estas etapas nos referimos a nosotros mismos como *yo*. Ese yo, dicen algunos, es el alma. Pero no es cierto. Ese yo se hace en el presente, sin cesar, y lleva en sí la exigencia de la renovación. Por eso respiramos, para renovar el yo. Ese yo que algunos llaman *alma* es la relación con el espíritu, con algo inmaterial y magnético, interno y externo, sin lo cual el cuerpo no podría vivir.

Lo que tradicionalmente se ha dado en llamar *alma* es el punto de contacto entre el cuerpo y ese elemento inmaterial. Y ese contacto, al ser inmaterial una de las partes implicadas, sólo puede ocurrir en la mente, que, como los recuerdos, también es inmaterial. Por más cercano y próximo que sintamos nuestro cuerpo, no deja de ser ajeno. Sólo ese *yo*, esa relación continuamente renovada, nos es propia. Y es la que crea la tensión esencial de todo lo vivo. Ese principio inmaterial está dentro (del cuerpo, del mundo), magnetiza y atrae, de ahí la idea del *alma interior*, pero al mismo tiempo está fuera (del cuerpo, del mundo), de ahí la idea de la *trascendencia*. Ésa es la magia de la vida de la que hablan las *upaniṣad*. Y el motivo que anima este libro, esta filosofía de la percepción. Pues en la contemplación de una imagen, ya sea la del recuerdo, la del sueño o la del árbol, esa relación se destapa y puede hacerse presente. No es posible conocer el mundo sin conocerse a sí mismo, como tampoco conocerse a sí mismo sin conocer el mundo. Ambas tareas se encuentran entrelazadas, como dos partículas cuánticas; no hay una sin la otra. Mutua exigencia, magnetismo. Ahí reside la magia de la condición humana: en la desubicación, en el no estar donde estamos. Y cuando negamos esa magia caemos en lo que Whitehead llamaba la *falacia de la ubicación simple*.

El espíritu encuentra su asiento en la vida animal, donde crece y se desarrolla. Los animales tienen memoria, la llevan inscrita, como nosotros, en cada uno de sus pliegues, en cada uno de sus tejidos y órganos. En el embrión humano todavía pueden verse vestigios de branquias, del tiempo en que fuimos acuáticos. El animal acarrea la inmensa carga de todas las épocas desaparecidas. Un ser ancestral y primitivo se revuelve dentro de nosotros. Los recuerdos y las vivencias no se almacenan en el cerebro, se esculpen en el rostro, en la mandíbula, en las cuencas de los ojos. Crecemos y la memoria crea silenciosamente la identidad (no hay evolución sin memoria). Y comienza la insurgencia para liberarse del antiguo régimen, de los reflejos condicionados, de la prisión endocrina. El instinto se disfraza de intuición y el apetito de ambición. La idea del fin se hace insoportable y se organiza la resistencia contra la muerte. Y así nace la idea de que los muertos no están muertos, de que viven en nosotros. Y se inventa otra vida, un más allá inmune a lo funerario. Se intuye un posible despertar, pero no es fácil liberarse de millones de años de evolución. Nacen la profecía y la revelación. Unos prefieren exaltar la naturaleza (los sentimentales), otros conquistarla y apoderarse de ella (los tecnócratas y los cientificistas), otros emanciparse (los platónicos y los puritanos), otros enajenarse (los existencialistas) y, por último, están los que pretenden consumarla, llevarla a su máxima expresión (los místicos de todas las edades y todos los climas). Diferentes rutas evolutivas del rebaño humano, diferentes ambiciones y modos de vida. Pero en todos ellos el ser vivo tiene su responsabilidad en la evolución, y su camino o su descarrío orientan el destino del mundo. Es evidente que no todas estas sendas son igualmente creativas. No en todas ellas se da el esfuerzo por crear una imagen y un orden inmateriales, por actuar como si existiera lo divino. La creencia es aquí hipótesis de trabajo. Su única condición es que permita la emoción, la empatía, la creatividad. Lo demás es humo o ingenuidad verbal. La evolución no ha terminado, quedan viajes al interior y promesas por cumplir.

Almas que se apagan. Se trata de una idea que pocos se han atrevido a sostener. Acaso no todas las almas sean inmortales. Quizá algunas terminen extinguiéndose, por negligencia, por endurecimiento o incapacidad de sentir. ¿No es precisamente eso el mal? Ceguera, falta de perspectiva, automutilación. No cabe duda de que hay sensaciones que llevan al enfriamiento y a la supresión de las sensaciones. ¿Qué es el conocimiento sino el conjunto de las estrategias y los métodos para quebrar esa insensibilidad, para evitar aquello que nos vuelve ciegos e indiferentes? La virtud en sí misma no hace feliz, pero no se puede serlo sin ella. Las lágrimas de la inocencia son más dulces que los logros del arribista. Estar aquí y respirar, ser consciente de la presencia ajena, verla y sentirla: he ahí el genuino bien. La ceguera frente a esa otra presencia termina en la nada: hay almas opacas que quieren apagarse y acaban en roca o mineral; almas lentas, obtusas, que gravitan ciegas y pesadas como asteroides. No es necesaria la eternidad de las penas, basta con ese enfriamiento. Quizá seguir siendo y sintiendo sea consecuencia del cuidado de la sensibilidad.

La muerte es todavía el gran fracaso del pensamiento moderno, que la trata como una apestada. Se considera de mal gusto hablar de la muerte, cuando no una impertinencia. Subsiste la angustia de la nada, el pavor ancestral a desaparecer, y esos miedos crean esas criaturas espantosas que aparecen en los mitos, las leyendas y las pesadillas. Hoy el contacto con la muerte nos lo proporciona la ansiedad. El rito de la muerte, cuyo único oficiante es el moribundo, ha desaparecido casi por completo. El moribundo ha perdido su capacidad agente, ahora es enfermo y se despacha burocráticamente en los hospitales entre secretos (se le oculta la muerte al implicado), tratamientos con morfina e intubaciones.

Tomemos el ejemplo de la célula. Las células del cuerpo humano se encuentran en constante renovación. Los glóbulos rojos viven cuatro meses; las células de la piel o las que recubren el estómago, un par de semanas. Hay células del intestino que viven en condiciones muy adversas y sólo duran cinco días. Al parecer, renovamos completamente las células cada diez años (lo que no impide que sigamos situando la sede de la identidad en el cuerpo). La edad media de las células de un cuerpo adulto se sitúa entre siete y diez años.

Pero hay quienes necesitan desesperadamente un asidero material y lo han encontrado en las neuronas de la corteza cerebral, que según algunos científicos subsisten hasta el momento de la muerte, aunque el asunto no está cerrado y es motivo de acaloradas controversias. Recientemente, investigadores de la Universidad de Princeton han descubierto en la corteza cerebral *neuronas del día* (como el pan), lo que sugiere que los recuerdos cotidianos se registran con células creadas a diario. Hoy también sabemos que el corazón, en contra de la idea tradicional, produce nuevas células, aunque desconocemos su índice de renovación. La pregunta crucial es por qué las células madre, que son la fuente de nuevas células en todos los tejidos, acaban perdiendo su capacidad de dividirse. Frente al curso natural de las cosas, en el que se asume la renovación, se erige la célula cancerígena, que es aquella que no quiere morir y cuyo miedo y empecinamiento termina por matar al organismo que la acoge (algún ingenuo biólogo sostiene que son inmortales, como si no necesitaran un paisaje, un cuerpo, un planeta o un sol, que sabemos que son efímeros).

Frente a la obcecación moderna en afirmar que la muerte es el fin de todo y que más allá no hay nada, saber que no se sabe sigue siendo la mejor respuesta. Los pueblos indígenas aceptan la muerte con una dignidad y una naturalidad inauditas en nuestra cultura (basta leer el cuento *La ley de la vida* de Jack London para hacerse una idea). Tanto la *Bhagavadgītā* hindú como el *Bardo Thödol* tibetano sostienen que la muerte es una experiencia psíquica de transformación que cada cual deberá llevar a cabo en su momento, pues forma parte de nuestra educación. También sostienen que nada de lo que ocurre en la mente se pierde, que nada sucumbe a un completo olvido. Todo queda velado, pues lo mental, la experiencia misma de la conciencia, es inmortal. La mente actúa independientemente del cerebro, y la psique sigue su curso ajena al destino final del cuerpo, que es la descomposición. El *Bardo Thödol* expone una técnica de liberación por el oído durante el *estado intermedio* (que los sufíes llaman *barzaj*) para guiar al difunto a través del laberinto de visiones arquetípicas que salen a su encuentro, presencias demoníacas o beatíficas que son una creación de su propia psique. Hay seis de estos estados intermedios que son pura proyección de la psique sustraída a las leyes del espacio y el tiempo: el sueño, la meditación profunda, el estado intrauterino, el umbral de la muerte, el momento antes de nacer y el desfile de ilusiones kármicas del *bardo*. En todo este espectáculo de visiones deleitables u horripilantes, no hay ninguna que sea extrínseca a la propia persona y ajena a su alma o que pueda separarse de la experiencia del vivir. Como afirma Henry Corbin, su esencia es más sólida que las formas materiales de nuestro mundo, una idea en la que coinciden el budismo de la escuela de Vasubandhu y el sufismo de Ibn Arabí.

La muerte puede verse como el gran invento de la naturaleza. Escenifica y actualiza esa incesante renovación que constituye la esencia de lo natural, esa magia entre el olvido y la continuidad. Abortar la muerte supone cercenar la naturaleza, atrofiarla, amordazarla. Para el budismo, por ejemplo, la muerte no es un mero cambio de túnica, sino una renovación radical de un yo que está siempre haciéndose, de una identidad transitiva. Con la descomposición del cuerpo físico no se pierde todo. En el camino queda un cuerpo gastado, pero sobrevive una orientación general del ser, un conjunto de inclinaciones, una intencionalidad profunda. Este planteamiento evita lo que Borges llamaba el *hartazgo del yo*. Ser eternamente Borges era para él la peor de las pesadillas. Ahora bien, si existiera la posibilidad de «ser inmortal en otra situación, y con el olvido total de haber sido Borges, pues bien, entonces acepto la inmortalidad. Pero no sé si tengo derecho a decir *acepto*», dijo en una entrevista en la que reconocía que el problema de la muerte acaba siendo el problema del yo. Nos hemos cogido cariño y nos cuesta dejarnos. Para quienes mediante el esfuerzo se han labrado un nombre y una personalidad, sacrificar el yo para superar la muerte resulta demasiado caro. Ha costado tanto trabajo y son tantos los años de convivencia con ese yo que ya no se contempla la posibilidad de deshacerse de él para convertirse radicalmente en otro (aunque conservando cierta orientación). El apego a la personalidad suele ser más fuerte que cualquier otro. Este planteamiento propone inevitablemente una generosidad desprendida. Es otro el que hereda nuestras inclinaciones, es el carácter de otro al que estamos dando forma ahora, en esta vida. Nuestro hijo legítimo es ese otro, no el sanguíneo. De este modo, el ímpetu de la voluntad traspasa la frontera de la muerte física. La muerte, así entendida, supone una renovación radical del yo. Tiene dos ventajas: nada de lo que hagamos se pierde y, además, fomenta una generosidad anónima. Otro heredará nuestros logros, pero no conocerá a quien le deja esa valiosa herencia. Y así, de sucesión en sucesión, se va haciendo camino hacia lo que ellos llaman el *despertar*.

A destiempo. Ciertas cosmovisiones antiguas, si se ponen en práctica, hacen la vida más jugosa, afectiva y emocionante. En cierto sentido, evocan la excitación con la que renacentistas y románticos (cuyos movimientos los historiadores han dado por fracasados) descubrían las revelaciones de la Grecia clásica o los manuscritos llegados de Egipto o Macedonia. Conviene insistir en que es posible ver el mundo en términos del budismo antiguo, el *sāṃkhya* o el sufismo. No se trata de una pose. Desperdigados por el mundo, todavía se pueden encontrar unos cuantos pitagóricos y neoplatónicos. No es cuestión de desmentir la modernidad o ignorar las ciencias, sino de cultivar cierta falta de entusiasmo por los avances del laboratorio ajeno (por lo común, en poder de las grandes corporaciones) y observar cuidadosamente cómo hemos llegado hasta aquí y qué pueden aportar las ciencias a la cultura mental. Quienes no tienen interés por la dialéctica o los algoritmos, quienes descreen que alguna nueva *teoría del todo* pueda sacarnos las castañas del fuego, saben que un avión puede ser la prisión definitiva, pero se montan sin dudarlo en él. Respetan el pasado, pero no sienten nostalgia por ninguna época dorada. Consideran que la preparación literaria es siempre superior a la algebraica o geométrica, que se puede aprender más de la naturaleza humana leyendo a Cicerón que con todos los instrumentos de un laboratorio clínico (la sensibilidad literaria es más útil para la datación de las ideas que los isótopos del carbono), que hay más verdad en las confesiones de Agustín de Hipona o de Rousseau que en la tabla periódica, la gravitación universal o el *software* más sofisticado.

La práctica científica, el ejercicio continuo de la objetividad, acaba provocando cierta artritis respecto a algunas emociones como la simpatía o la evocación. Hace olvidar que conocer es recordar, que, con más frecuencia de lo que se cree, ya hemos vivido esta misma situación. La barbarie tecnológica tiende a ser ruidosa, a arrinconar el silencio y la contemplación. Pero subsiste, en cada ciudadano, una tradición subterránea que prefiere la espera a lo inmediato, el conocimiento de que se va a morir a estar ya muerto aguardando las instrucciones sobre cómo no hacerlo. Un nuevo humanismo que desconfía de todo lo que suene a abstracto o automático, interesado en la literatura y las artes, para el que la modernidad tecnológica es rudimentaria como lo eran los bárbaros que acechaban la Hélade, desprovistos del sentido de ese romance con lo divino que es la vida humana.

Frente al imperio de la ley, este libro propone erigir una ciencia del hábito. Pero no es fácil olvidar a los pitagóricos ni la visión del Sinaí. El ojo es una esfera inacabada, un círculo que completar. No hay reposo, como tampoco hay Nada. Que no haya reposo no significa que no haya descanso, que no haya Nada no significa que no haya vacuidad. Las cosas se necesitan unas a otras, se sostienen unas a otras.

A lo largo de estas páginas se ha sostenido que la imaginación es un medio de conocimiento, quizá el más genuino y fundamental. Coleridge trazó una clara línea divisoria entre imaginación y fantasía. La imaginación es la capacidad de crear, una actividad viva y esencial en el ejercicio de la percepción. Mediante la imaginación se repite, en la mente finita, el acto infinito y eterno de la creación *(soy)*, como un eco que en las montañas engendra otros ecos. Mediante la imaginación nos recreamos continuamente y, al hacerlo, recreamos el mundo. Frente a ella, la fantasía es una modalidad de la imaginación emancipada de la memoria, un culto a ídolos petrificados e inertes (por ejemplo, el *big bang* o la selección natural). La fantasía «no tiene otra ocupación que lo fijo y lo definido», es la capacidad de asociar lo creado de un modo voluntarioso o caprichoso. De ahí que sea tan afín a esa huida hacia ninguna parte que es el capitalismo desarrollado.

La imaginación reconoce y acepta la tensión esencial que la funda, contempla cómo se desarrolla la inteligencia, no la presupone, la acompaña como se acompaña el crecimiento de un hijo o de una flor. Ésa es la ciencia del ser: hacer coincidir el sujeto y el objeto de observación. Objeto y sujeto se aúnan, se compensan y se silencian. No hay ya ruido del yo ni ruido del mundo. No hay yo frente al mundo, queda la observación. Ser es percibir.

Dicen los que la han vivido que en la experiencia mística el individuo no es sujeto sino objeto. Un ejercicio de hospitalidad que, de paso, evita el avance del narcisismo. Acomodarlo todo para dejarse invadir y asomarse, brevemente, al desprendimiento del yo, al umbral del tú: salir del mí hacia eso que llevo dentro, salir de sí para entrar en el otro. Un ejercicio de cordialidad. La escala de observación crea el fenómeno, y en ese sentido se puede decir, con Lévinas, que «somos fruto del rostro que contemplamos». El ser, la criatura, es teatro y no fuente de la conciencia.

Del magnetismo espiritual. Si el Ser se oculta, dice Merleau-Ponty, es porque *estar oculto* es su naturaleza. Vivimos incrustados en el mundo. Nadie puede ver el mundo desde fuera. De ahí que el encuentro del filósofo con el Ser nunca sea, como en el caso del místico, directo o frontal. Nuestra situación no es la de un espectador que contempla un espectáculo. Si queremos observar como desde fuera, debemos hacerlo de un modo oblicuo, clandestino, cómplice. Hay algo originario en la mirada, cierta distancia. Esa limitación no debería experimentarse como una desdicha, sino como una oportunidad para el juego amoroso, que permite que quien se esconde sea *encontrado* al otro lado del tiempo. Se ejerce la participación y se contribuye a restablecer la unidad y concordancia del mundo.

El sujeto sensible está comprometido con lo que ve y siente, atado a ello, por mucho que juegue a las distancias, por mucho que invente mediadores, desde la probeta hasta el telescopio. De hecho, una de las estrategias clásicas de la filosofía, hoy casi en desuso, fue la noción de *identificación*, la capacidad de ejercer la simpatía con las cosas, de *congeniar* con ellas (algo que difícilmente puede hacerse si se multiplican los mediadores, y no hablo sólo de la cámara de burbujas o del espectrómetro de masas, sino también de los operadores lógicos o conceptuales). Llevamos tres siglos construyendo el Gran Objeto. Como apunta Merleau-Ponty, la inventiva en el manejo de la algoritmia no ha evitado una teoría conservadora del conocimiento que tiene la necesidad de exceptuarse de las relatividades que ella misma establece (por ejemplo, las consideraciones de escala, donde acude en nuestra ayuda Whitehead: «La escala de observación crea el fenómeno»), como si por sus triunfos tuviera que pagar el precio de quedarse fuera de juego. Se entiende por *física* cierto modo de operar con los hechos mediante algoritmos, cierta práctica del conocimiento cuyos únicos jueces son quienes poseen el instrumento.

El Ser es como el dios griego Apolo, hijo de la distancia, que hace posible la perspectiva. Esencial al Ser es ser a distancia, ser horizonte. Es posible *(co)incidir* con las cosas, pero esa correspondencia no se da sin una diferencia previa, y he ahí el misterio (incrustado, pero no del todo). Ése es el *buen error* de la filosofía.

No hay hombre. Merleau-Ponty concibió su filosofía de la percepción mientras combatía del lado de la Resistencia en la Francia ocupada. En diálogo con Husserl y con la psicología de la Gestalt, buscó una nueva relación entre conciencia y mundo, más allá del empirismo clásico y el materialismo; más allá, también, del racionalismo y el idealismo. Le interesaban las realidades concretas y entendió la percepción no como una ciencia, ni siquiera como una deliberada toma de posición, sino como el trasfondo mismo sobre el que se destacan todas nuestras ciencias, posturas y creencias. Se resistía a aceptar dos manías habituales de la filosofía: en primer lugar, considerar la conciencia como interioridad y, en segundo lugar, el cuerpo como *cosa*. La conciencia está comprometida con el mundo en un sentido casi nupcial. La verdad no habita en el hombre interior; es más, Merleau-Ponty rechazaba la idea misma de que haya un *hombre interior*, pues el hombre está en el mundo, no sólo sumergido en él, sino atravesado por él. El hombre es ya mundo y, cuando cree conocer, es ya percepción: «Hay un hombre efectivo, real, concreto, que no se limita a poseer conciencia o cuerpo, o a enfrentarse con una realidad externa, sino que es conciencia y cuerpo». Esto tiene importantes consecuencias para la ciencia matemática. La verdad lógica o matemática no es intemporal, sino algo que *reconoce* alguien en el tiempo. Ninguna idea, por muy abstracta que sea, puede desligarse del proceso de la vida. Ninguna visión puede ser abstraída, separada del resto de las cosas, sin formar parte, simultáneamente, de un proceso vivencial. Por muy elevada o ínfima que consideremos una idea, ya se trate del infinito o del cero, cada vez que la pensamos vive en el tiempo, y la vivimos desde una determinada posición, desde la alegría o la angustia, desde el asombro o la desesperación. El cero y el infinito, en principio tan abstractos, son vividos según la circunstancia. Al margen de dicha vivencia, todo se oscurece en vana especulación.

Reducir la conciencia a la cosa o la cosa a la conciencia es negar la realidad concreta. Merleau-Ponty advierte a los neodarwinistas de que no hay accidentes en la historia ni en la evolución de la vida, pues en ambas los azares acaban por convertirse en razones. Estamos condenados al sentido y no podemos hacer o decir nada sin que adquiera un nombre en la historia. La fenomenología, como toda filosofía genuina, no es una doctrina, sino un movimiento de la atención y el asombro. Las reflexiones de Merleau-Ponty sobre la percepción se cierran con una cita de Saint-Exupéry que parece sacada de un manual de ética budista: «Tú te alojas en tu acto mismo. Tu acto eres tú [...]. Te canjeas [...]. Es tu deber, tu odio, tu amor, tu fidelidad, tu invención [...]. El hombre no es más que un nudo de relaciones, las relaciones son lo único que cuenta para el hombre». Se regresa a la tesis inicial de que no hay *hombre interior*: «Nada me determina desde el exterior, no porque no me solicite, sino al contrario, porque de entrada estoy, soy, fuera de mí y abierto al mundo». No solamente *estamos* en el mundo, sino que *somos* mundo. Viviendo mi propio tiempo puedo comprender el tiempo abstracto y el de los demás.

Volvemos así a la primera encrucijada. El ver no es un acto del sujeto, sino que acontece en un espacio intermedio entre el yo y el mundo. Un ámbito que Kant llamaba *trascendental* y Merleau-Ponty, *quiasmo* (en francés *chiasme*, que también podría traducirse por «encrucijada»). Así, la oposición entre cuerpo y espíritu se supera mediante el concepto de *carne (chair)*, que no ha de entenderse como «sustancia» sino como «elemento» en el sentido de los presocráticos. Al igual que según Heráclito en todo late el fuego, Merleau-Ponty sostiene que en todo lo animado late la *carne*, espíritu materializado, materia espiritualizada. Así, la relación entre conciencia y mundo se concibe más allá del materialismo y el idealismo, más allá del empirismo y el racionalismo, todos ellos reduccionistas a su manera. Frente a éstos, se postula el *cuerpo* como vehículo del Ser en el mundo. Un cuerpo que no es objeto de conciencia sino punto de partida de toda percepción. El mundo no se halla *frente* al cuerpo como objeto, sino que está presente como punto de referencia.

Merleau-Ponty defiende la condición dual del hombre. Propone pensar la dualidad, pero combate el dualismo. El dualismo es esa doctrina que postula dos principios fundamentales y, al mismo tiempo, cierto tipo de antagonismo entre ellos, cierta incompatibilidad. El pensamiento dual, por el contrario, reconoce esa partición, pero establece entre ambos principios una relación de complementariedad. Una relación magnética y cómplice. De ahí que se haya dicho que su filosofía es una filosofía del *entrelazo* (*l'entrelacs*, tan cuántico), del quiasmo, del encuentro y el movimiento, de las idas y venidas de un cuerpo consciente y una conciencia corpórea. El dualismo es tan viejo como Platón o el maniqueísmo. La vieja oposición entre la carne y el espíritu recorre el pensamiento medieval. Reaparece en Descartes con su teoría de las dos sustancias (pensamiento y extensión) y resurge en Locke, enmascarada, con la distinción entre cualidades primarias y secundarias. En el ámbito de la moral, el mejor ejemplo es la problemática kantiana entre la necesidad y la libertad.

Asumir la dualidad evitando caer en el dualismo (el amor exige a dos, pero, si se cuenta el amor mismo, ya son tres). Como Novalis, Merleau-Ponty reconoce la verdad del dos, una tensión esencial que no debería dirimirse, que no debería desembocar en dicotomía. Pensar la dualidad supone renunciar al reduccionismo que proponen tanto el materialismo (todo es materia) como el idealismo (todo es mente). Entre la dimensión natural y la dimensión espiritual no hay una heterogeneidad excluyente. Fertilidad del dos: el cojo y el ciego de la filosofía del *sāṃkhya*, el espectador y la bailarina y su juego de seducciones. Todo dualismo es en el fondo un *duelismo*, un duelo entre dos en el que sólo uno queda en pie. Merleau-Ponty se rebela contra la oposición entre naturaleza y espíritu, que es la versión refinada de esa otra oposición entre ciencias y humanidades (alma-cuerpo, experiencia-razón, sujeto-objeto, lenguaje-pensamiento, etcétera). Para comprender las relaciones entre la conciencia y la naturaleza hay que suponer que no están enfrentadas, que no son antagónicas o incompatibles. Pero el pensamiento dual no necesita, como en Hegel, un tercer término, una síntesis. O mejor, el tercer término, la síntesis, es la propia vivencia de esa tensión interna. Un esfuerzo continuo de mediación que no admite soluciones definitivas. La dialéctica es válida mientras se vive; cuando se hace doctrina se dogmatiza (una filosofía del pasado en ningún caso es un dato, sino una filosofía rememorada, revivida; las filosofías genuinas son indestructibles, ningún pensamiento las agota). Se aboga aquí por una filosofía caminera, en la encrucijada, como la de Machado y Bergson.

El factor cuerpo. Por todo lo dicho, es evidente que la percepción no es el resultado casual de sensaciones *atómicas*, como apuntó Locke, sino que tiene una dimensión activa y representa una apertura fundamental al mundo de la vida. El *cuerpo* es al mismo tiempo sujeto y objeto. Frente a la idea de Brentano (heredada por Husserl) de que «toda conciencia es conciencia de algo», Merleau-Ponty considera que «toda conciencia es conciencia perceptiva». Un giro significativo en la fenomenología que exige una revisión a la luz del *primado de la percepción* sostenido por Berkeley, que se aleja de la metafísica y postula una noción concreta, fisiológica, basada en la realidad del cuerpo humano. El propio cuerpo es mucho más que una cosa entre las cosas, mucho más que un simple objeto del estudio científico; es condición permanente de la existencia. El cuerpo hace posible tanto la apertura perceptiva al mundo como la *creación* de dicho mundo. La primacía de la percepción significa la primacía de la experiencia, en la medida en que la percepción tiene una dimensión activa y constitutiva. El cuerpo no está enfrentado a un espacio objetivo, quieto y enraizado en una situación que polariza sus acciones, sino que «existe orientado hacia todas las percepciones». En contraste con el dualismo cartesiano cuerpo/alma, en el cuerpo se reúnen tanto la corporalidad de la conciencia como la intencionalidad corporal.

Para los antiguos egipcios, las cualidades del alma se localizan en diferentes partes del cuerpo. Los dientes, las manos, los huesos y los distintos órganos tienen sus propios atributos psíquicos y pasiones. Los textos elaboran una compleja fisiología metafísica que se parece a la de la India védica. Las cualidades de la voluntad se asocian a las piernas. En el *Libro de los muertos* se dedica un capítulo a obtener «el poder de las piernas», a las que se asocian las cualidades de la voluntad (algo en lo que estará de acuerdo cualquier corredor). En los brazos están la atención y la destreza; en las manos, las capacidades sociales. A estas asociaciones contribuyó sin duda la escritura jeroglífica, que al ser pictórica difumina la división entre lo concreto y lo abstracto. Además, los órganos funcionan de manera autónoma. La nariz es la que respira. La divinidad ha hecho el aire para que nuestra nariz pueda vivir. La nariz tiene vida propia; «se enfría cuando el rey se enfurece», dice uno de los textos. La boca es la que habla. La persona honrada «tiene labios rectos». La boca es también el punto de entrada y salida de la vida. Las ceremonias consagradas a la animación de una estatua se centran en abrir su boca. El *Libro de los muertos* se ocupa en varios capítulos de mostrar la necesidad de abrir la boca del difunto para liberar su alma y que pueda expresarse en el inframundo. La boca es aquí mediadora entre la vida y la muerte, o entre la muerte y la vida renovada.

El ojo es un arquetipo cósmico: la Luna y el Sol son los ojos divinos. El ojo humano es fuente de la visión y sede de la fuerza interior. En la mirada reside el valor de una persona. El ojo tiene propiedades psíquicas y mágicas, y goza de autonomía espiritual. El *udyat*, u «ojo sagrado», recurrente en estelas e inscripciones, es símbolo del poder divino, tanto creador como destructor. Las miradas matan y hacen revivir. Se representa alado, o con brazos, para subrayar su independencia y sus cualidades intrínsecas. En algunas tumbas, el ojo realiza con sus brazos ofrendas de incienso a Osiris. Si los antiguos egipcios conocieran nuestros modernos trasplantes, sin duda atribuirían su éxito a esa autonomía de los órganos.

El oído se encuentra asociado a la facultad de la atención. El acto de oír tiene un enorme significado espiritual. La sabiduría de cada cual depende de su capacidad de escuchar. De hecho, cada uno es lo que su oído. «Aquel que oye es amado por Dios, pero aquel a quien Dios odia no oye», dicen *Las máximas de Ptahhotep*. Puesto que el mundo había cobrado existencia por medio de la palabra divina original, pronunciada por el dios Ptah, el oído era el órgano que permitía percibir sus verdades. El oído abre la mente a los niveles más profundos de la realidad, franquea el acceso al sonido primigenio. Una idea que tendrá un largo recorrido en la literatura sagrada de la India, sobre todo en la *Chāndogya upaniṣad*, en la que la música del Canto Alto se convierte en medio indispensable para la liberación del espíritu. Pero el oído no sólo permite percibir las armonías divinas, también sirve a otras necesidades más prosaicas. En las tumbas se dibujaban orejas para persuadir a la divinidad de que atendiera la súplica del difunto.

El vientre es la sede de los deseos impulsivos, de los apetitos y los sentimientos. Las neurociencias de hoy han descubierto importantes redes neuronales en los intestinos. Todo el mundo ha experimentado alguna vez que se le cierra el estómago por algún temor o preocupación. Ya en el Imperio Antiguo de Egipto se consideraba una entidad semiautónoma. En las *Instrucciones de Kagemni* se dice: «Vil es aquel cuyo vientre codicia cuando la hora de comer ha pasado» y «La persona honesta no emite palabras con su vientre». Los magos integraban sus artes alojándolas en el vientre. Los poderosos tenían grandes vientres que todo lo digerían. Lo que se instala en el vientre se transforma en natural o instintivo y perdura para siempre. Así, el afecto duradero se sitúa en el vientre. Algunos libros morales instan al lector a que los consejos que ofrecen «descansen en el cofre de su vientre». Sin embargo, por encima está el corazón: «Aquel cuyo corazón obedece a su vientre pone el desprecio de sí mismo en el lugar del amor». El corazón puede ser descarriado por el vientre. La grandeza de corazón es un don divino, y quien obedece antes a su vientre se convierte en su enemigo. El corazón es un centro espiritual superior, el lugar donde la persona está más cerca de su *ka*, o «espíritu vital». «Sigue al corazón mientras vivas, pues ello agrada al *ka*.» El corazón forma el resto de los miembros y los fortalece, y, por tanto, es el centro de la energía vital de la persona. Los antiguos egipcios no habrían aceptado un trasplante de corazón, pues para ellos supondría un trasplante de persona. La alegría limpia el corazón, mientras que la ira lo ensucia. Pero este órgano es también la sede de la reflexión y la contemplación. El corazón enseña a su propietario a oír o a no oír, dice una de las máximas del escriba de la quinta dinastía Ptahhotep. Es *lugar de escucha* donde alcanzar el nivel más profundo de la armonía con la vida. Es la sede de la memoria y la intención, y desde ahí uno se abre al orden natural de las cosas. Nada se resiste al corazón, pero sus deseos genuinos están medidos por la reflexión y armonizados con el *maat*. Nuestros deseos no siempre coinciden con los del cosmos, algo que el entendimiento debe saber ver. Es el órgano del cuerpo más cercano al yo espiritual y, en esencia, es puro. Hay que protegerlo de influencias que puedan corromperlo, y en ocasiones conviene *sellar el corazón*.

La idea de la inocencia natural del corazón está asociada a la del corazón como fuente vital de la persona. «El corazón es la madre y el padre, el ser por el que nací», dice el *Libro de los muertos*. Es el núcleo incorruptible de la persona, el dios interior que ayuda a *entrar en el santuario*. «Que mi corazón esté conmigo», suplica el que viaja al inframundo. El corazón, cuyo jeroglífico es una vasija, es pesado por Osiris en el viaje del alma tras la muerte y entregado a Nebseni como si fuera un tesoro.

Paradójicamente, la cabeza, la que porta los rasgos más visibles de la identidad física, es la menos propensa a ser investida con una autonomía psíquica. Resulta significativo que el *ba* (el alma liberada del cuerpo) se representara mediante un pájaro con cabeza humana. La persona que viaja al otro mundo conserva la cabeza. Pero la parte del cuerpo que se somete a juicio es el corazón.

Una curiosidad egipcia. El cuerpo momificado se llama *jat*, palabra que también significa «cadáver» y «cuerpo» en general. El cuerpo como un todo es ya un cadáver, lo que está vivo son los órganos. El mito que lo justifica podría ser la mutilación sufrida por Osiris. El cuerpo está fragmentado en una pluralidad de vidas, no así la mente, que es una, ya sea el *ka*, el *ba* o el *aj*.

La mirada envuelve las cosas y, velándolas, las revela. Hay un magnetismo del color que se nos impone. Es imposible decir qué manda, si la mirada o las cosas. Somos un nudo en una trama, atado con todas sus fibras al tejido de lo sensible. Ver es palpar con la mirada, pero es preciso que la visión se inscriba en el tipo de ser que se nos revela, se necesita cierta complicidad, que el que mira no sea ajeno a lo que mira. Además, conviene que la visión vaya acompañada de *otra* visión: yo mismo visto desde fuera, tal como me vería otro... Eso es lo que Merleau-Ponty llama un *volverse lo sensible hacia sí mismo*, un reajuste interior basado en la premisa de que el vidente sólo puede poseer lo visible si él mismo es poseído. «Hay un círculo de lo tocado y el tangente, lo tocado toca al tangente. Lo mismo ocurre con la mirada. Ante esta situación, aparece un nuevo tipo de ser: un ser poroso, preñado, englobado en otro ser ante el cual se abre el horizonte.»

No hay visión sin cortina, ese velo es su fascinante poder. La carne no es materia. El cuerpo no es ni una cosa ni una idea, es el medidor de las cosas. Hay que admitir que existe una idealidad que no es ajena a la carne, que le proporciona sus ejes, su hondura, sus dimensiones. Pensamiento y extensión son el anverso y el reverso, y estarán por siempre uno detrás de otro. La pura idealidad no carece de carne ni está desligada de las estructuras del horizonte. «Nuestra existencia como videntes, como seres que desdoblan el mundo y pasan al otro lado, de seres que se ven unos a otros y que ven con los ojos de otro, nuestra existencia como seres sonoros para otros y para nosotros mismos, contiene ya cuanto requiere para que haya palabra de uno a otro, para que haya palabra en el mundo. [...] Y comprender una frase no es sino acogerla plenamente en el ser sonoro de uno. Y recíprocamente, el paisaje entero es invadido por las palabras como por una invasión, a nuestros ojos ya es sólo una variante de la palabra, y hablar de su *estilo* es hacer una metáfora. En cierto sentido, como dice Husserl, toda filosofía consiste en restituir un poder de significar, un nacimiento del sentido o un sentido salvaje. [...] Como dice Valéry, el lenguaje lo es todo, puesto que no es la voz de nadie, puesto que es la voz misma de las cosas, de las aguas y los bosques. Y lo que hay que entender es que entre estas dos ideas no hay inversión dialéctica, no tenemos por qué reunirlas en una síntesis: son dos aspectos de la reversibilidad que es la verdad última.»

Recapitulemos. El asunto primordial de la filosofía es el lazo de la percepción, el compromiso con lo percibido. La mirada que anima las cosas, el rayo platónico. La percepción deja de ser una cuestión fisiológica, psicológica o antropológica para adquirir un estatus ontológico. La percepción no es un hecho más del mundo. Como en Berkeley, se convierte en el acontecimiento fundamental del Ser. La percepción es vía de iniciación y vía de identificación. Esa sensibilidad es apertura y encuentro primordial, siempre inacabado. «La psicología se condena a la abstracción exorbitante de no considerar al hombre más que como un conjunto de terminaciones nerviosas sobre las que actúan agentes físico-químicos. [...] Nada nos asegura que la relación entre los hombres no incluya componentes mágicos y oníricos.» Merleau-Ponty sostiene que entre el vidente y lo visible no hay relación de causalidad, tampoco de exterioridad, sino compromiso mutuo, complementariedad. Ese intercambio puede reducirse a una identificación, como en el caso del místico, o a la suposición de una exterioridad, como en el del físico, pero no es ninguna de las dos cosas. El vidente y lo visible nada son por separado, no preexisten con respecto a su relación (resuena aquí el budista Nāgārjuna). Se encuentran entramados, atravesados, se reflejan uno en el otro. En una obra póstuma, *Lo visible y lo invisible*, Merleau-Ponty escribe: «No hay cosas desnudas porque la mirada las envuelve y las viste con su carne». Esa mutua implicación nos disuade de creer que lo visible sea una creación del sujeto y pueda existir sin alguien que lo perciba. Se trata de una dualidad irresoluble, insuperable. No hay aquí inferencia posible, tampoco una síntesis dialéctica. O mejor, si la hay, no es dialéctica, es la vida misma, la cultura de la percepción, el juego en marcha de lo propio y lo ajeno. Ésa es la tercera vía que se propone aquí, sin hipostasiar ninguno de los extremos de esa tensión esencial. Una dualidad no excluyente, vivida y comprehensiva. Una ayuda mutua entre el vidente y lo visual, entre el oyente y la música (incluida, claro está, la palabra, la literatura, desde la confidencia hasta el chisme), entre el que toca y la piel. Se descartan el dogmatismo del objeto y el dogmatismo del sujeto, el materialismo y el idealismo. No se afirma la exterioridad e independencia del objeto con respecto al sujeto, como pretende el realismo ingenuo, ni tampoco la creación del objeto por parte del sujeto, como pretende el idealismo. En el intento de fundamentar la objetividad se pasa por alto que ha sido la percepción la que nos ha dado acceso a ella. Una creencia, la de que hay algo *más allá de mí*, muy natural, aunque cuando sostiene que ese ser es independiente de toda percepción cae en la contradicción y oscurece más que aclara. Pero, por otro lado, en el intento de fundamentar la subjetividad se pasa por alto que es el objeto el material que constituye la interioridad.

La pregunta filosófica nunca es provisional, no busca (como la científica) una respuesta que venga a acallarla (de ahí el viejo parentesco de la filosofía con el escepticismo). De hecho, puede decirse que el realismo es verdadero como experiencia pero falso como teoría, mientras que el idealismo es falso como experiencia pero (impecablemente) verdadero como teoría. Ahora bien, entre la percepción inmediata y su traducción a lo discursivo (al lenguaje, ya sea en el poema o en el algoritmo), entre percibir y pensar, no hay continuidad ni identidad, y la vida reflexiva se ve obligada a asumir la primera como real y la segunda como ilusoria. El que percibe no se encuentra (des)situado, sino inscrito en una circunstancia. Ahondar en esa implicación es la propuesta a la que nos invita esta filosofía.

EPÍLOGO

La sociedad ensimismada

En sus últimos libros, Roberto Calasso sostenía que la religión de nuestro tiempo es la *religión de la sociedad*. Las sociedades seculares de hoy únicamente se rinden culto a sí mismas. Sociedades ensimismadas que no ven más allá de su propio ordenamiento y que, a diferencia de las antiguas, no encuentran sus modelos en el cosmos o en la fisiología.

Uno de los fundadores de la sociología moderna, Émile Durkheim, decía que toda representación colectiva tiene algo de delirio. Delirantes fueron el culto de la sociedad védica al sacrificio y la Alemania del Tercer Reich, y delirante es el capitalismo tardío que vivimos, el cual pone la economía real en manos de la economía financiera. Cada día comprobamos cómo la especulación financiera devora pedazos de la economía real, del bienestar de familias y sociedades. ¿Acaso no es éste el ápice de los delirios? El dios financiero es hoy expresión figurada y ciega de la sociedad global, el último de los ídolos, más implacable y agresivo que el peor Yahvé. La eficacia, antes atribuida a la fórmula ritual, se deposita ahora en el algoritmo. Tras el fiasco de la decodificación del genoma, el algoritmo se ha convertido en el tema de nuestro tiempo, en la herramienta esencial para abrirse camino ante la avalancha de información *(big data)*. Ya sin la vieja equivalencia del oro, las democracias modernas sólo coinciden en aceptar una sola verdad global, la de los cuadernos donde se anotan los haberes y titulares de divisas, fondos y activos financieros. Ése parece ser el único libro de validez global, desconocido únicamente por los parias del mundo. Una riqueza, la financiera, que paradójicamente no produce riqueza, que no tiende a la distribución sino a la acumulación. Un dios que codicia otro tipo de holocaustos: la miseria de aquellos que no se consagren a él. El culto a sí misma de la economía es lo que hoy se llama *economía financiera*. Ya no se trata de generar riqueza (el dinero pierde su poder trascendente), sino de acumular dinero y que éste, por sí mismo, produzca más dinero.

A partir de este estado de cosas, se enuncia la gran paradoja: «La sociedad completamente secularizada es la menos secularizada de todas, porque lo profano, en el momento en que se expande sobre el todo, asume en sí aquellas características alucinatorias, fantasmagóricas y delirantes que Durkheim asociaba con el fenómeno religioso». El delirio crónico de la humanidad no sólo está lejos de desaparecer, sino que da la impresión de acrecentarse. Sin embargo, para Durkheim el ritual no suponía un delirio, sino un modo de orientar y canalizar el sentido. Su hallazgo fue descubrir que el culto recrea un ser del que dependemos tanto como él de nosotros. Ese ser no es una quimera de la fantasía humana (necesitada de consuelo y protección), sino que existe realmente, y no es otro que la sociedad misma. Los ejemplos paradigmáticos de sociedades que desarrollan el culto a sí mismas serían Estados Unidos y Francia. Santifican los días patrios, asociados a la Declaración de Independencia o a la Revolución. En ello coinciden Marx y Rousseau, Hitler y Lenin. España, a este respecto, no llega siquiera a aprendiz.

Marcel Mauss, más libre y sagaz, lo dirá de otro modo: las cosas sagradas son cosas sociales, entendiendo por *sagrado* todo lo que cualifica a la sociedad. «Si los dioses, cada uno a su hora, salen del templo y se hacen profanos, vemos que lo relativo a la propia sociedad humana (la patria, la propiedad, el trabajo, el individuo) entra en el templo progresivamente», sostiene el antropólogo y sociólogo francés. Mauss fue en cierto sentido un pensador antiguo. Se desenvolvía con naturalidad en el ámbito de las correspondencias, estableciendo relaciones entre diferentes órdenes de realidad (cósmico, orgánico y social). Para ello, necesitaba presuponer dichos órdenes y trazar luego vínculos entre uno y otro. Esas asociaciones pueden dibujar o no una estructura. Hay lazos aéreos, intangibles, y hay también lazos con lo invisible. Para reforzar esos lazos, las sociedades antiguas ritualizaron el sacrificio, «un medio para que el profano pueda comunicarse con lo sagrado a través de una víctima», en palabras de Mauss.

¿Por qué pensar ahora el sacrificio? Sin duda, es un tema incómodo que provoca de entrada el rechazo del ciudadano liberal. El sacrificio es arcaico y primitivo, una rareza de la etnografía, un asunto de aborígenes. En muchos casos incluso se evita la palabra sustituyéndola por *ritual*. Sin embargo, el siglo XX europeo estuvo marcado por el control social y los grandes holocaustos, perpetrados por experimentadores sociales como Hitler y Stalin, ingenieros de almas, feroces practicantes de la lobotomía, siempre en nombre de la ciencia. La industria alimentaria de hoy sacrifica millones de animales cada día, de un modo invisible para la población. «El solo acto de percibirlo provocaría, desde ya, un cambio radical.» Calasso sitúa el inicio del horror moderno al sacrificio en la renuncia de Lutero a entender la misa como un sacrificio. Para el agustino, constituía un abuso impío, una maldita idolatría creadora de «monstruos de impiedad». En cierto sentido, reproducía el gesto de los primeros budistas al renegar del sacrificio védico (no es de extrañar, dicho sea de paso, que el proyecto actual del Dalái Lama se centre en la ética secular). Dos acontecimientos más marcan el inicio de la modernidad: el descubrimiento de América (con el que Montaigne se convierte en el primer antropólogo de salón) y la composición del *Quijote*. Con ellos se abre la vía hacia la secularización. La sociedad secular inunda la escena del mundo, y el sacrificio se convierte en una institución insensata que conviene arrinconar en el trastero de la historia (psicoanálisis) o perpetrar de un modo más o menos secreto (en el matadero y en el laboratorio). El sacrificio, tan arcaico y bárbaro, cambia de nombre y hoy se llama *experimento*.

Desde entonces el mundo está hecho trizas. Las ciencias dibujan un mundo fragmentado e inauguran la era de la ansiedad. Predomina la inconsistencia y, gracias al megáfono de las redes y a la industria de la distracción, prolifera la insignificancia. El hombre moderno es el perfecto turista: deambula de un lado a otro y sólo encuentra consuelo en la compra y el entretenimiento. Pero no todo es sinsentido. Hay focos con alta densidad de sentido, precisamente en el odio a lo secular. La maquinaria del sacrificio, concebida para hacer posible la circulación entre lo visible y lo invisible, adquiere tintes siniestros. Sólo la matanza ofrece garantía de significado. El terrorismo islámico es sacrificial en su forma perfecta. La víctima es el terrorista; también hay víctimas colaterales (en discotecas, playas o centros comerciales), pero sólo son el resto, la *parte de Rudra*.

Continuo o discreto

Más ambicioso que Durkheim, Mauss no se conforma con la explicación funcionalista; quiere saber con qué parte del cosmos, o de la psique, conecta el sacrificio. Podemos vivir sin iglesias, pero ¿podemos vivir sin religión, sin estar de algún modo vinculados, *religados*, al paisaje? La mayoría lo hacemos, vivimos sin dioses, sin el sentido de lo sagrado. ¿Lo hemos eliminado o simplemente lo hemos trasferido a lo social? Simone Weil sabía suficiente antropología para no dejarse hechizar por el nuevo culto, lo social-sobrenatural. Calasso se hacía la misma pregunta: «¿Cómo puede un sujeto de la sociedad secular, educado en la ignorancia de lo invisible, volver a reconocerlo?». No es fácil salir del laberinto, pues no hay puntos de referencia para quien no profesa ninguna confesión particular pero se niega a adherirse a la *religión de la sociedad*.

Simone Weil advirtió que el control social fue una obsesión recurrente de los gobiernos del pasado siglo: FBI, KGB, SS... Ahora lo es del comercio y de los mercados financieros: *trading* de alta frecuencia (HFT), *big data*, redes sociales... Desvinculadas de observancias devocionales, las sociedades modernas se identifican con el Estado-nación (nacionalismos), con el globalismo (imposición del modelo único y triunfante) o con viejos modelos *mal implementados*.

El secularista está dispuesto a seguir toda suerte de teorías siempre y cuando tengan su fundamento en la ciencia. Pero la ciencia es incapaz de conferir sentido por una razón, digamos, congénita o estructural. La ciencia carece de estilo propio no por falta de talento o de formación artística, sino porque ciencias hay muchas y desentonan entre sí. En conjunto son como una melodía a varias voces sin una clave común. No es de extrañar, pues, que suenen desafinadas o transmitan significados divergentes. El paisaje que ofrecen es el de un mundo quebrado, discontinuo, en el que sólo es posible abrirse paso mediante el algoritmo.

Los físicos teóricos llevan décadas planteándose si la realidad física es continua o discreta (números reales o bits de información). Es la última versión de la querella entre lo uno y lo múltiple, entre aristotélicos y platónicos, entre empiristas y racionalistas (James dejó dicho que nadie podía vivir ni una sola hora sin ser las dos cosas). La disputa entre lo continuo y lo discreto es crucial, ya que el nuevo dataísmo pretende hacernos creer que los organismos están hechos de algoritmos (nada nuevo, por cierto: Timeo creía que estaban constituidos por diminutos triángulos) y que el río del devenir es un flujo informático. La inteligencia no debería dejarse seducir por abstracciones incapaces de dar cuenta de lo vivo. Hay preguntas que nunca encontrarán respuesta, y nuestra condición humana exige precisamente asumir esta limitación, no negarla. Buda lo aconsejaba, Gödel y Heisenberg lo ratificaron.

Volvemos al principio. Lo más valioso del alma o, si se prefiere, de la memoria, lo más valioso de la intuición, la imaginación y los afectos, queda fuera del alcance del algoritmo. La sensibilidad es poco abstracta y no debería caer en la religión del dataísmo. No nos engañemos, el universo no está constituido únicamente por información. Hay un orden, sí, pero también hay conciencia, sensibilidad, valores. Huertos de valores al calor del fuego de las estrellas.

Participación

La participación es la tarea de hacer existir el mundo. La realidad, indefinida, vaga, emocional, puede tener otros brillos. Hay un instante decisivo en la infancia, una experiencia fugaz: te has escapado y te detienes jadeante en un prado. Te quedas absorto, contemplando una acacia. Al principio sólo ves tonos amarillentos, el leve movimiento de unas flores espumosas. Pero te vas relajando, pasan unos minutos, no sabrías decir cuántos, y tu percepción de la acacia se transforma. ¿En qué? Al principio no te atreves siquiera a decirlo. La sensación es extraña, completamente nueva. Ves el tronco, delgado pero robusto, y, sin embargo, tienes la sensación de estar sosteniéndolo. Es como si tu mente meciera la acacia. Como si el árbol no se reflejara en ti, sino como si tú le prestaras el apoyo que necesita. Es la vuelta a lo femenino. Y entonces comprendes que la realidad no está ahí fuera, que la imaginación es destino, disciplina, compromiso de sostener la vida.

Con esa experiencia se inicia un nuevo camino. Te convences de que detrás del mundo que ves, oyes o sientes hay otro mundo. No se erige por encima de éste, no es suprasensorial. Es un mundo que depende de éste, que lo necesita. Si quieres, puedes llamarlo *mundo paralelo*, pero ambos se encuentran imbricados. Libertad es percepción. Y empiezas a explorar en busca de técnicas que te permitan atisbar algo de ese otro mundo. Paulatinamente vas descubriendo que para percibir algo debes replegarte, traer el objeto a casa. Si quieres escuchar música, cierras los ojos; si quieres leer, buscas silencio; si quieres contemplar, caminas y los árboles desfilan ante ti como si fueran tu andadura.

No te sientes a la deriva en un mar desconocido. Adoptas una nueva manera de vivir. Has tomado posesión, ya no eres víctima de las circunstancias, ni un juguete a merced de fuerzas externas. Ya no estás abrumado ni te sientes prescindible o accidental, ni siquiera mediocre. Puedes tomar distancia. Y orientas tu mente en esa dirección: en la dirección de la participación. En tus manos (y en otras muchas) está el destino del mundo. Y ya eres uno más de los que sostienen el mundo, uno de sus guardianes. Ves a aquellos que lo saquean, pero no te enfureces (conoces bien su desesperación).

Ser es en esencia un asunto divino; ser por participación es el destino de la criatura, o del modo, por decirlo a la manera de Spinoza. El modo es constitutivo de la sustancia. Es decir, participa en cierta forma de su unidad y eternidad, de la infinidad de sus atributos. El verdadero yo no es la sensación habitual de ser yo, pero tampoco está en otro mundo: está en ambos. El espacio interior es el hogar natural del yo, pero también lo es el mundo sensible. Ambos difieren en su manera de conocer, pero se necesitan. Sin vigilia no podría haber sueño. No hay seres que moren detrás de los árboles y las montañas: hay árboles y montañas con trasfondos, inalcanzables para la percepción, pero susceptibles de ser investigados con un poco de entrenamiento. El mundo se amplía y brilla con una intensidad desacostumbrada. Mundo mescalinoso. El pájaro es criatura del aire; el pez, del agua; el gusano, de la tierra. El hombre es criatura de la mente, trabaja y se desenvuelve en la mente del mundo. La mente reúne y ordena la experiencia de la percepción, crea el mundo de las cosas que vemos y oímos, el árbol y el fuego. Ése es el hábitat del hombre, un espacio donde se funden percepción y memoria, presencia y ausencia. Difícil es estar a la altura de esa morada, la mente del mundo. Y despiertas en ti mismo esa verdad, la recuerdas, la repites.

La prueba del velo

El asunto del alma y lo divino, perdonen la osadía, es sencillo. En un instante, el centro del universo puede trasladarse al corazón del hombre. Ese rapto reduce la plenitud ilimitada del cosmos a una mente individual, de ahí que los magos del Renacimiento lo llamaran *contracción*. Esto es posible porque, como decía Aristóteles (que era bastante escéptico respecto a los asuntos espirituales), el alma contiene todas las cosas, aunque no pueda o no sepa verlas y sus profundidades le resulten opacas. Pero el hecho extraordinario es así de simple. El alma, que hasta entonces sólo era una ventana abierta al mundo, se convierte, ella misma, en mundo, en todo lo que hay que ver. El orden de las cosas se invierte. Lo eterno se individualiza, aunque de forma esquiva y excepcional. El pensamiento védico lo confirma: los dioses aman el misterio y huyen de lo evidente. Nizam, la hermosa muchacha persa que Ibn Arabí conoce en La Meca, revela el rostro de la eterna Sofía, anunciando el encuentro de Beatrice y Dante. Ella es la contracción, la individuación de la sabiduría eterna (todos lo somos, pero no lo sabemos). Un lapso de luz que viene a paliar la ausencia del amado y con el que los *fedeli d'amore* funden el amor divino y el humano.

Lo divino, lo que nadie ha visto, es la mirada misma. La idea la encontramos en los albores de la filosofía hindú. Lo divino ve las cosas a través de las criaturas. No vigila, mira a través de ellas. Y aunque uno crea propia su mirada, en realidad no le pertenece. La criatura es el filo de la experiencia del ausente. Tanto la experiencia oscura como la luminosa participan de esa condición. El alma se eclipsa precisamente al ignorar esa condición *diferida* de la sensibilidad. «Dios no puede mirar más que un mundo que sea su propia mirada», sostiene Corbin. Los ojos son los nuestros, la mirada es la suya. He aquí la médula de una filosofía de la percepción. En el curso de su viaje, si tiene suerte, el alma puede toparse con una Nizam o Beatrice cuya faz revela lo que por naturaleza se esconde. Pero la contracción no sólo es frágil e inestable, fugaz como un latido, también tiene algo de *trágica* (al menos en esta parte del mundo). El Reino de Dios está en nosotros, pero no porque lo contengamos en un recinto interior, sino porque nos atraviesa. Y ese puñal o daga amorosa es la sensibilidad. No está *dentro*, en nuestras profundidades inconscientes; por eso el psicoanálisis falla en lo fundamental y nos ofrece trasuntos de vida, no la vida misma. Ese lazo, que de hecho es una corriente, nos conecta con lo que los sufíes llamaban el *gemelo celestial* y permite que nos abramos a la influencia del ángel. Si rompemos ese vínculo, ese diálogo, caemos en la idolatría del yo o en la neurosis, ese sufrimiento que los budistas veían irreal y artificioso.

Hay una paradoja en la vida del espíritu. Para que la criatura pueda respirar debe tomar distancia, alejarse de la fuente de su ser, de lo contrario no tendría una existencia independiente. Esa distancia, apolínea, hace posible que haya otro. Las tradiciones abrahámicas la llaman *caída*; las hindúes, *ignorancia*. Es el velo necesario de lo creado. Todas las cosas son máscaras del infinito. Para ver a Dios hay que ser diferente de él, diferente de la fuente de la vida, y ello constituye una imposibilidad metafísica. He ahí la paradoja, irresoluble, de la condición humana, de toda sensibilidad. La magia sencilla de resolverla es la transformación de uno mismo en velo traslúcido.

El velo resuelve la dicotomía entre lo uno y lo múltiple. Para la tradición sufí, superar la prueba del velo consiste en no dejarse atrapar por el rostro literal (concreto) de ningún ser particular, de ninguna Nizam o Beatrice, y mirar hacia donde esos rostros miran. La posesión es una quimera. No podemos poseer nada. Ésa es nuestra peregrina condición esencial. Somos seres despojados, por mucho que nos empeñemos en atesorar.

No hay por qué creer en estas cosas, basta con imaginarlas. La imaginación, que para algunas tradiciones es la característica fundamental de la realidad, no es una creencia sino algo que hacer. El símbolo nunca se explica de una vez por todas, debe ser descifrado una y otra vez. Una hermenéutica incesante que nos salva de caer en la trampa de la idolatría. Ésa es toda la sabiduría a la que podemos aspirar. Una sabiduría local, atada al paisaje y a la sensibilidad.

La eternidad y un día. Todo el asunto de la eternidad ofrece una perspectiva vertiginosa y, como advirtió Kierkegaard, nos sitúa ante la angustiosa disyuntiva de que el alma humana, o bien vuelva a la nada de la cual supuestamente ha nacido, o bien continúe siendo ella misma a perpetuidad. Las dos posibilidades tienen la forma de una pesadilla. Ante la primera solución nos asedian el temor y el temblor, el pavoroso miedo a que la estirpe humana y el mundo entero se conviertan en polvo cósmico y todos nuestros esfuerzos queden perdidos en el vacío. La conciencia, nos decimos ante esas oscuras visiones, no puede ser flor de un día, no puede ser una luz pasajera entre dos eternidades de tinieblas. La segunda solución, la de un alma eterna y siempre la misma, no es mejor que la supuesta nada. Borges, como ya hemos visto, advirtió lo terrible que sería una existencia sin fin con el consiguiente aburrimiento supremo de uno mismo. Estoy cansado de ser Borges, nos dice el porteño, serlo para toda la eternidad sería la peor de las pesadillas. Ya sea en un formato o en otro, en la disolución o en la permanencia, la eternidad ahoga el alma.

Ahora bien, hay una tercera vía: la que proponen el budismo y el *sāṃkhya*, que, aunque no es del todo complaciente (nada en estos asuntos puede serlo), nos parece la más razonable y, en cierto sentido, nos permite ser y no ser eternos al mismo tiempo. Algo perdura, la continuidad de la conciencia, que hereda otro. Algo se extingue, el yo, la personalidad, el ego, que para muchos contemplativos es el gran obstáculo para la experiencia plena del espíritu. Según algunos relatos antiguos de la India, para poder llegar hasta nosotros, la conciencia atraviesa el infinito espesor del tiempo y el espacio, penetra en nosotros como la gota que recorre las capas geológicas sin modificar su estructura, y ahí espera, en silencio, hasta que advertimos su presencia. El saberse ser es así un eterno viajero que atraviesa todas las capas de universo fisiológico, todas las formas de vida y todos los deseos, por toscos y elementales que puedan ser, incluso el de seguir siendo uno mismo y el de dejar de ser y diluirse en el todo (o en la nada).